MARCO POLO

Ostseeküste
Mecklenburg-Vorpommern
Fischland · Darß · Zingst

Reisen mit Insider Tipps

Diesen Reiseführer schrieb Bernd Wurlitzer. Der in Berlin lebende freie Journalist sieht Mecklenburg-Vorpommern als seine zweite Heimat an. Bei der Aktualisierung mitgewirkt hat Kerstin Sucher.

www.marcopolo.de

Infos zu den beliebtesten Reisezielen im Internet, siehe auch Seite 100

SYMBOLE

Insider Tipp **MARCO POLO INSIDER-TIPPS:**
Von unserem Autor für Sie entdeckt

★ **MARCO POLO HIGHLIGHTS:**
Alles, was Sie an der Ostseeküste Mecklenburg-Vorpommerns kennen sollten

HIER HABEN SIE EINE SCHÖNE AUSSICHT

WO SIE JUNGE LEUTE TREFFEN

PREISKATEGORIEN

Hotels

€€€	über 110 Euro
€€	75–110 Euro
€	unter 75 Euro

Die Preise gelten für zwei Personen im Doppelzimmer inkl. Frühstück in der Hochsaison.

Restaurants

€€€	über 18 Euro
€€	12–18 Euro
€	unter 12 Euro

Die Preise gelten für ein Hauptgericht ohne Vor- und Nachspeise und ohne Getränke.

KARTEN

[106 A1] Seitenzahlen und Koordinaten für den Reiseatlas Ostseeküste

Karten zu Rostock, Wismar, Greifswald und Stralsund finden Sie im hinteren Umschlag.

Zu Ihrer Orientierung sind auch die Orte mit Koordinaten versehen, die nicht im Reiseatlas eingetragen sind.

GUT ZU WISSEN

INHALT

Die wichtigsten MARCO POLO Highlights

Sehenswürdigkeiten, Orte und Erlebnisse, die Sie nicht verpassen sollten

1 **Hanse Sail Rostock**
Maritimes Fest mit Traditionsseglern und mehr als 1 Mio. Besuchern (Seite 25)

2 **Marktplatz**
Wismars Marktplatz, der größte seiner Art in Mecklenburg-Vorpommern, gehört zum Weltkulturerbe (Seite 31)

3 **Münster**
Das Doberaner Münster, Kleinod norddeutscher Backsteingotik, birgt bedeutende Kunstschätze (Seite 36)

4 **Alter Strom**
Warnemündes Flaniermeile mit Geschäften und Restaurants in ehemaligen Fischerhäusern neben vertäuten Segelyachten und Kuttern (Seite 42)

5 **Darßer Ort**
Nur per Kutsche, zu Fuß oder Fahrrad ist dieses wunderschöne Fleckchen in der Nähe von Prerow zu erreichen, wo Sie ein ganz besonderes Naturschauspiel beobachten können (Seite 52)

6 **Darßer Arche**
Faszinierende Einblicke in die Werkstatt der Natur im Nationalparkzentrum in Wieck (Seite 54)

7 **Bernsteinschaumanufaktur**
Sehen Sie sich um beim größten Schmuckproduzenten im Osten Deutschlands in Ribnitz-Damgarten (Seite 55)

Wismars City

Seeatmosphäre in Rostock

8 Freilichtmuseum Klockenhagen
Historische Häuser, Katen, Scheunen und eine Windmühle (Seite 56)

9 Kap Arkona
Von drei Türmen auf Deutschlands Nordkap reicht der Blick über die Reste einer Slawenburg weit auf die Ostsee und ins Land (Seite 67)

10 Deutsches Meeresmuseum
Bewohner aller Weltmeere tummeln sich in den Aquarien Stralsunds (Seite 70)

11 Hansedom
Tolle Wassererlebniswelt – bei jedem Wetter in Stralsund zu genießen (Seite 71)

12 Pommersches Landesmuseum
Nicht nur wegen der Bilder von Caspar David Friedrich ist das Museum in Greifswald ein Muss (Seite 77)

13 Heringsdorf
Prachtvolle Villen aus der Kaiserzeit und die mit 508 m längste bewirtschaftete Seebrücke Europas (Seite 79)

Leuchttürme auf Kap Arkona

14 Mit dem »Molli« zum Ostseestrand
Dampfend und pfeifend fährt die Schmalspurbahn zwischen Bad Doberan und Kühlungsborn (Seite 85)

15 Im »Rasenden Roland« durch Südost-Rügen
Die Fahrt in den nostalgischen, von Dampflokomotiven gezogenen Wagen gehört zum Pflichtprogramm eines jeden Rügenbesuchs (Seite 87)

★ *Die Highlights sind in der Karte auf dem hinteren Umschlag eingetragen*

Entdecken Sie die Ostseeküste!

Traditionsreiche Seebäder und Hansestädte, Sandstrände und Steilufer

Bäderarchitektur in Sellin

Viele unverwechselbare Bilder hält die 340 km lange Ostseeküste Mecklenburg-Vorpommerns bereit; zu den besonders schönen gehört die Aussicht vom Hochufer westlich des Ostseebades Ahrenshoop: Vorbei an rohrgedeckten Häuschen und Sanddornsträuchern schweift der Blick über den feinsandigen Strand auf die stahlgraue See. Nicht minder fasziniert der Anblick des Königsstuhls auf der Insel Rügen: Schneeweiß strahlt er in der Vormittagssonne über den hier urwüchsigen Steinstrand, eingerahmt vom Grün der Bäume.

Die Landschaft an der Ostseeküste Mecklenburg-Vorpommerns zeigt sich vielfach noch unverfälscht. Natur pur im wahren Sinne des Wortes! So kreisen auf der Halbinselkette Fischland, Darß, Zingst noch See- und Fischadler über den Wäldern, im Frühjahr und Herbst bieten Zehntausende von Kranichen an den Boddengewässern ein einzigartiges Naturschauspiel, und der Sturm formt an den naturbelassenen Stränden Kiefern zu pittoresken Gebilden, Windflüchter genannt. Von Jahr zu Jahr verändert die Meeresströmung die Küste. Darßer Ort, der nördlichste Punkt der Halbinsel, ist das größte Anlandungsgebiet der südlichen Ostseeküste. Jährlich wächst die Landspitze um etwa 10 m.

Weststrand vom Darß

Das Ahrenshooper Hochufer oder Kap Arkona, die Kreidefelsen der Stubbenkammer, der Darßer Urwald – längst sind sie keine Insidertipps mehr. Die Inseln Hiddensee und Rügen, Usedom und Poel allemal nicht. Zu den landschaftlichen Schönheiten kommt ein weiterer Superlativ: Der Deutsche Wetterdienst hat anhand der Aufzeichnungen der letzten 30 Jahre ermittelt, dass Usedom mit 1906 Sonnenstunden im Jahr Deutschlands sonnenreichste Region ist, gefolgt vom Kap Arkona mit 1825 Stunden.

Seit der Vereinigung der beiden deutschen Staaten boomt der Tou-

Geschichtstabelle

Um 500 Germanische Stämme verlassen das Gebiet, das 100 Jahre später Slawen besiedeln

1167 Slawenfürst Pribislaw wird von Heinrich dem Löwen als Lehensträger eingesetzt; er begründet die Dynastie der mecklenburgischen Herrscherhäuser

1168 Dänen zerstören auf Arkona die Jaromarsburg des slawischen Stammes der Ranen. Beginn der Christianisierung auf Rügen

1348 Der Kaiser erhebt die Fürsten Albrecht II. und Johann zu Herzögen von Mecklenburg

1370 Die Hanse und Dänemarks König schließen im Stralsunder Rathaus Frieden

1625 Das Herzogshaus Pommern-Wolgast erlischt, Pommern ist nach 330 Jahren wiedervereint

1628 Die Herzöge Mecklenburgs werden abgesetzt, Ernennung Albrecht von Wallensteins zum Herzog von Mecklenburg

1648 Schweden erhält im Westfälischen Frieden Teile des Landes, das südliche Vorpommern kehrt 1720, das nördliche 1815 zu Deutschland zurück, der mecklenburgische Teil erst 1903

1793 Am Heiligen Damm bei Doberan wird Deutschlands erstes Seebad gegründet

1815 Verleihung des Großherzogtitels an die beiden mecklenburgischen Herrscherhäuser. Preußen bildet mit Vorpommern die Provinz Pommern

1918/19 Beide mecklenburgischen Großherzogtümer werden demokratische Freistaaten

1945 Aus Mecklenburg, dem westlichen Teil Vorpommerns und dem rechtselbischen Amt Neuhaus entsteht das Land Mecklenburg-Vorpommern

1952 Mecklenburg wird in die Bezirke Rostock, Schwerin und Neubrandenburg gegliedert

1953 Die meisten Hotelbesitzer werden enteignet, die Hotels Eigentum des DDR-Regimes

1990 Beitritt der DDR zur Bundesrepublik Deutschland, das Land Mecklenburg-Vorpommern wird wieder gegründet

2000 Usedom wird wieder an das Bahnnetz angeschlossen

2002 Aufnahme der Altstädte von Wismar und Stralsund in die Unesco-Welterbeliste

2005 Die Kreidefelsformation Wissower Klinken, eines der Wahrzeichen von Rügen und eines der beliebtesten Fotomotive an der Ostseeküste, stürzt in der Nacht vom 23. zum 24. Februar ab

rismus – von Boltenhagen im Westen bis Ahlbeck im Osten. Ruhe und Erholung und nicht Rambazamba bis zum frühen Morgen versprechen die Touristiker den Gästen, und ihr Konzept geht auf: Mecklenburg-Vorpommern ist nach Bayern das beliebteste Inlandsreiseziel der Deutschen.

Die Wiege des Badelebens in Deutschland steht in Mecklenburg, denn 1793 bestimmte Herzog Friedrich Franz I. von Mecklenburg-Schwerin Doberan zur Sommerresidenz, und im nahen Heiligendamm ließ sich Seine Durchlaucht in einem Badekarren in die Ostsee ziehen. In Heiligendamm, wegen seiner weißen klassizistischen Bauten »weiße Stadt am Meer« genannt, promenierten über ein Jahrhundert lang Herzöge und Grafen.

Später dann waren es die Seebäder Kühlungsborn und Warnemünde, Binz und Heringsdorf, die sich zu den renommiertesten in Deutschland entwickelten, und sie haben bereits vieles von ihrem alten, guten Ruf wiedererlangt.

» Die Bäderarchitektur ist ein Schatz «

Die meisten der Bäder entstanden vor mehr als hundert Jahren aus kleinen Fischerdörfern. Typisch sind für viele Orte zwei- und dreigeschossige Hotels, Pensionen und Villen mit verschnörkelten Türmchen, kunstvoll verzierten Loggien und korinthischen Säulen, kurz Bäderarchitektur genannt. Diese Architektur ist der Schatz der Ostseebäder Mecklenburg-Vorpommerns. Sie hat Könige und Kaiser, zwei Weltkriege und die DDR überlebt. Mit ihr blieb viel vom Charme der großen Vergangenheit erhalten, sie gibt den Ostseebädern des nordöstlichsten Bundeslandes ein unverwechselbares Gesicht.

Reichtum war den Menschen dieser Region nie gegeben. Mecklenburg und Vorpommern gehörten zu den rückständigen Gebieten Deutschlands. Von Bismarck, dem

Beliebter Bummelboulevard: die Kröpeliner Straße in Rostock

ersten Kanzler des Deutschen Reiches, soll das berühmt gewordene Bonmot stammen: »Wenn die Welt untergeht, ziehe ich nach Mecklenburg, denn da passiert alles fünfzig Jahre später.«

Nur die Städte Wismar, Rostock, Stralsund und Greifswald haben wohl zu den Zeiten der Hanse bessere Jahre erlebt. Mit ihren reichen Kunst- und Kulturschätzen sind sie allein schon eine Reise wert. Mittelalterliche Kirchen, Stadttore und Rathäuser künden von einstiger Macht, vom Selbstbewusstsein der Bürgerschaft. Backsteingotik wird der Baustil wegen seines Baumaterials und seiner Formgebung genannt. Bauwerke in Stralsund und Wismar zählen zu den schönsten dieser Art, deshalb hat die Unesco beide Altstädte zum Weltkulturerbe erklärt. Sie repräsentieren den Idealtyp einer entwickelten Hansestadt aus der Blütezeit des Städtebundes im 14. Jh. und sind herausragende Beispiele für eine mittelalterliche Stadt, deren städtische und bauliche Struktur durch die Lage an einem natürlichen Seehafen geprägt ist.

»Das Hinterland bietet Seen, Wälder und Hügel«

Der Tourismus bildet im Bundesland Mecklenburg-Vorpommern eine wichtige Erwerbsquelle. Nach der Einheit wurden fast alle der vorhandenen Hotels mit enormen Investitionen modernisiert. Zu den vorhandenen Häusern sind neue gekommen; die meisten namhaften Hotelketten sind an der Ostseeküste vertreten. Die Hotellerie in Mecklenburg-Vorpommern gehört zur modernsten in Deutschland. Die Zimmer in den exponierten Lagen der Seebäder haben deshalb ihren Preis. Wer den nicht zahlen kann oder möchte, weicht ins Hinterland aus. Hier stehen auch modernisierte Häuser, aber die Preise sind einigermaßen moderat.

Hotels werden nur noch wenige gebaut, denn längst gibt es mehr Zimmer als Gäste. Freizeiteinrichtungen dagegen sind noch erforderlich, vor allem für Wellnesserlebnisse, um die Saison zu verlängern und auch, weil im Sommer bisweilen Wolken und Regen den Strandbesuch beeinträchtigen, außerdem sind Ostseetemperaturen von 18 Grad nicht jedermanns Sache. Mehr Freizeiteinrichtungen werden auch noch gebraucht, um die Ostseeküste von Mecklenburg-Vorpommern speziell für junge Leute attraktiver zu machen.

Langeweile muss an Schlechtwettertagen und in der kühlen Jahreszeit aber auch heute schon nicht aufkommen, denn das Strandleben ist nur eine Seite des Küstenaufenthalts. In vielen Regionen wartet Einmaliges auf die Gäste, so das Meeresmuseum in Stralsund und das Deutsche Bernsteinmuseum in Ribnitz-Damgarten. Nicht zu vergessen das Hinterland mit seinen Seen, Wäldern und Hügeln. Dazwischen verstecken sich verträumte Dörfer mit rohrgedeckten Häusern und mit Kirchen, die kunsthistorische Überraschungen bergen. Nicht wenige Besucher sprechen schwärmerisch von einer Bilderbuchidylle.

Die Menschen an der Ostseeküste haben erkannt, dass diese Landschaft – ein Geschenk der letzten Eiszeit – ein Kapital darstellt, das ihnen keiner nehmen kann. Die letzte DDR-Regierung hatte Maß-

Der Schaproder Bodden auf Rügen gehört zum Nationalpark Vorpommersche Boddenlandschaft

nahmen getroffen, die bizarre Landschaft mit der herrlich zerklüfteten Küstenlinie zu erhalten. Es entstanden etliche Schutzgebiete, so der nur 30 km² große Nationalpark Jasmund auf der Insel Rügen. Zu ihm gehören eine über 10 km lange und über 100 m hohe Steilküste. In diesem Park liegen der legendenumwobene Herthasee, der als Aussichtspunkt bekannte Kreidefelsen Viktoriasicht und der berühmte Königsstuhl. 805 km² groß ist der Nationalpark Vorpommersche Boddenlandschaft, von dem freilich etwa die Hälfte vom Meer bedeckt ist. Er umfasst Inseln und Halbinseln, darunter Darß, Zingst, Hiddensee und Teile von Westrügen. An Geschichte interessierte Touristen werden sich in das Biosphärenreservat Südost-Rügen aufmachen, um Großsteingräber zu entdecken. Allein auf der Insel Rügen gibt es 54 – eine solche Ansammlung an Megalithgräbern kann keine andere Region Deutschlands vorweisen. Bis zu 15 t wiegen die Decksteine. Wen wundert es, wenn die Menschen einst meinten, nur Hünen könnten solche Steine transportiert haben. Daher heißen die Begräbnisstätten im Volksmund auch Hünengräber.

» Schon zu DDR-Zeiten entstanden Schutzgebiete «

Wer durch diese herbe Landschaft wandert, zwischen Wildrosen und Sanddorn den Flug der Möwen verfolgt, am Strand Bernstein und Muscheln sucht und von Leuchttürmen auf die Weite des Meeres schaut, wird dem bekanntesten mecklenburgischen Dichter Fritz Reuter zustimmen. Der hatte über seine Heimat geurteilt: »As uns' Herrgott de Welt erschaffen ded, fung hei bi Meckelnborg an … und schön is't in'n Ganzen worden, dat weit jeder …«

Bernstein und Leuchttürme

Zehntausende von Kranichen gehören ebenso zu den Besonderheiten wie Plattdeutsch und der Seeräuber Klaus Störtebeker

Bernstein
Versteinertes Harz von Nadelbäumen, das älter als etwa 1 Mio. Jahre ist, wird Bernstein genannt. Der Bernstein an der Ostseeküste Mecklenburg-Vorpommerns entstand vor etwa 40 Mio. Jahren aus den damals hier vorhandenen subtropischen Wäldern.

Insbesondere Nordweststürme spülen Bernstein an den Strand. Bernstein lässt sich bohren, sägen und schleifen; poliert glänzt er fast wie Edelstein. Bereits in ur- und frühgeschichtlicher Zeit war er als Schmuckstein begehrt, wie Funde in Großsteingräbern belegen.

Bernsteinstücke mit eingeschlossenen Pflanzenresten und Insekten, vornehmlich Fliegen und Mücken, werden als Inklusen bezeichnet. Das Bernsteinmuseum in Ribnitz-Damgarten und das kleinere Bernsteinmuseum in Sellin auf Rügen zeigen einige erstaunlich gut erhaltene Einschlüsse. Durch sie wissen wir, welche Insektenarten vor mehr als 40 Mio. Jahren in diesem Gebiet lebten.

Die einzigartige Seebrücke von Ahlbeck wurde zum Wahrzeichen der Insel Usedom

Fauna
Zur Küste gehören die Möwen mit ihrem Gekreische. Sie brüten auf dem Boden, oft umfassen die Kolonien Tausende von Paaren. Am häufigsten sieht man die an ihrem roten Schnabel erkennbare Lachmöwe. Im Sommer besitzt sie eine schokoladenbraune Kopfmaske, die im Winter auf einen dunklen Fleck in der Ohrgegend des weißen Kopfes schrumpft. Die Silbermöwe kann durch den roten Punkt auf dem gelben Schnabel von der Sturmmöwe unterschieden werden. Die Region Westrügen–Bock–Zingst gilt als der bedeutendste Kranichrastplatz Mitteleuropas – bis zu 40 000 der beeindruckenden Großvögel rasten hier jeweils im Frühjahr und im Herbst.

Die Fischer fangen in der Ostsee vor allem Dorsch, Flunder oder Aal, in den Boddengewässern Hecht, Barsch und Zander. Im Frühjahr sammeln sich große Heringsschwärme im Greifswalder Bodden.

Nach Sturmtagen liegen zu Tausenden die Schalen der weißen bis gelben Herzmuschel und die der weiß bis rosa gefärbten Pfeffermuschel am Strand. Häufig wird die an der schwarzen Schale erkennbare

Miesmuschel angetrieben. Im Wald leben Reh-, Rot- und Damwild sowie Wildschweine.

Flora

Typisch sind die angelegten Kiefernforste. Die von Weststürmen eigenartig verformten Kiefern, deren Kronen manchmal fast waagerecht zur windabgeschirmten Seite wachsen, werden Windflüchter genannt. Bei Nienhagen, westlich von Rostock, gibt es den *Gespensterwald.* Die bizarr geformten Bäume lassen mit ein wenig Phantasie Märchen- und Fabelwesen erkennen. Buchenwälder wachsen im Nationalpark Jasmund auf der Insel Rügen. Geschützt sind der Meerkohl, eine bis zu 70 cm hohe, buschartig verzweigte Pflanze, und die bis zu 40 cm hoch wachsende Stranddistel mit kugelartigen Blüten.

Leuchtturm auf Hiddensee

Friedrich, Caspar David (1774–1840)

Die Bilder des in Greifswald geborenen Malers haben die Ostseeküste Vorpommerns weit über Deutschlands Grenzen hinaus bekannt gemacht. Friedrich malte mit Vorliebe Naturerscheinungen sowie Landschaften. Zwei seiner berühmtesten Gemälde zeigen die Klosterruine Eldena seiner Geburtsstadt und Kreidefelsen auf Rügen. Die immer wieder aufgestellte Behauptung, der Künstler habe die im Februar 2005 abgestürzten Wissower Klinken gemalt, konnte anhand von Skizzen widerlegt werden. Das Bild zeigt die Viktoria-Sicht zur Zeit der Romantiker. Sturm, Regen und Frost haben die Kreidefelsen seither gewaltig verändert. Das Pommersche Landesmuseum in Greifswald besitzt sechs Ölgemälde und ein Aquarell von Friedrich. Er war Mitglied der Berliner und der Dresdner Kunstakademie.

Hansestädte

Rostock, Stralsund, Wismar und Greifswald gehörten zu den mächtigsten Mitgliedern des Städtebunds der Hanse. 1990 besannen sie sich auf diese Tradition und tragen seither wieder den Beinamen Hansestadt – das H im Autokennzeichen verweist darauf.

Die Hanse, eine lockere, aber dauerhafte Vereinigung, veranstaltete ihre erste Zusammenkunft 1356 in Lübeck. Ihr Einfluss reichte von Brügge und London bis Nowgorod. Der Hanse gehörten zeitweise bis zu 200 Städte an. Der letzte Hansetag fand 1669 statt. An ihm nahm von den mecklenburgischen und vorpommerschen Hansestädten nur noch Rostock teil.

Leuchttürme

Entlang der Ostseeküste Mecklenburg-Vorpommerns gibt es zehn Leuchttürme. Der älteste steht auf Kap Arkona (Insel Rügen), er ist der berühmteste, weil ihn Karl Friedrich Schinkel 1825 entworfen hat. Nachdem der Turm 1901 bis 1902 durch den daneben neu erbauten Leuchtturm funktionslos geworden war, kam die Ausstattung in das Berliner Reichsverkehrsmuseum, wo sie im Zweiten Weltkriegs verloren ging. Das Blinkfeuer des Kap Arkonaer Leuchtturms ist 40 km weit zu sehen, das des Leuchtturms auf dem Hiddenseer Dornbusch 45 km weit. Der höchstgelegene Leuchtturm Deutschlands mit dem Namen Buk blinkt seit 1878 bei Kühlungsborn. Der Turm ist 21 m hoch, der Bastorfer Berg, auf dem er steht, jedoch 78 m. Die Türme von Buk, Warnemünde, Wustrow, Darßer Ort, Kap Arkona und Hiddensee dürfen bestiegen werden.

Ökologie

An der Ostseeküste von Mecklenburg-Vorpommern kann bedenkenlos gebadet werden. Das Landeshygieneinstitut untersucht von Mitte Mai bis Mitte September vierzehntägig das Ostseewasser mikrobiologisch und physikalisch-chemisch auf der Grundlage von EU-Richtlinien. Allerdings gehört die Ostsee zu den ökologisch besonders gefährdeten Meeren, auch, weil sie bis in die jüngste Zeit für die Menschen nicht nur Badewanne, sondern auch eine riesige Mülldeponie und Abwasseranlage war.

Plattdeutsch

Nach dem Rückgang des Lateinischen war Plattdeutsch bzw.

Heringsfischer auf Rügen

Niederdeutsch vom 14. Jh. an in Norddeutschland Amtssprache. Ab dem 16. Jh. nahmen der Adel und das Bürgertum das Hochdeutsche an; Plattdeutsch blieb die Umgangssprache der einfachen Menschen. Heute dient Plattdeutsch als Sammelbegriff für die verschiedenen, in Norddeutschland gesprochenen Dialekte, wobei das Mecklenburger und das vorpommersche Platt kaum Unterschiede aufweisen. Junge Menschen haben oft Probleme, Plattdeutsch zu sprechen, die Älteren an der Ostseeküste von Mecklenburg-Vorpommern verwenden es dagegen noch häufig. Binnenländern fällt es meist schwer, den Inhalt eines in Plattdeutsch geführten Gesprächs vollständig zu verstehen. Aber nur *Döösbaddel* (Dummköpfe) lernen nicht schnell, dass *kieken* gucken heißt, *klönen* sich unterhalten, *n' lütten heben* einen Schnaps trinken und dass man hinterher *antütert* (angeheitert) sein kann.

Reuter, Fritz (1810–1874)

Fritz Reuter erreichte zwar keinen Universitätsabschluss, aber 1863 verlieh die Universität Rostock dem Nationaldichter Mecklenburgs die Ehrendoktorwürde. Einige seiner

Lesetipps

Eine kleine Auswahl an Büchern zum Einstimmen oder Vertiefen

Eine unterhaltsame und zuweilen nachdenklich stimmende Reise unternimmt Richard Christ in »Küstenspaziergänge«. Er erzählt Geschichte und Geschichten, die eine Liebeserklärung an das Leben an der Ostsee sind. Hinter die bunten Türen auf dem Fischland und dem Darß schauen Susanne Menning und Dorit Gätjen in »Haustürengeschichten zwischen Wustrow und Zingst«. In dem verfilmten Roman »Tadellöser & Wolff« schreibt Walter Kempowski über seine Heimatstadt Rostock. Mit zum Schönsten, was die Ostseeküste zu bieten hat, gehört die Bäderarchitektur. In dem großformatigen Buch »Bäderarchitektur« beschreiben Reno Stutz und Thomas Grundner (Fotos) die Vielfältigkeit dieses architektonischen Phänomens. In »Backsteingotik« werden von Gottfried Kiesow und Thomas Grundner (Fotos) beeindruckende Bauten der über 500 Jahre zurückliegenden Stilepoche vorgestellt, die bis heute als Anziehungspunkte wirken.

Werke hat Reuter in Boltenhagen verfasst. Bei Besuchen in Wismar wohnte er im Haus seines Verlegers Dethloff Carl Hinstorff. Als Hauptwerk des in Stavenhagen geborenen Reuter gilt die sozialkritische Versdichtung »Kein Hüsung«.

Störtebeker, Klaus (gest. 1401)
Den legendären »Robin Hood der Ostsee« beanspruchen insgesamt zwölf Städte und Dörfer für sich. Einer der Sagen zufolge ist er in Ruschvitz auf Rügen geboren, eine andere erzählt, in einer Höhle am Streckelberg bei Koserow auf Usedom habe er einen Schlupfwinkel besessen. Jedes Jahr in den Sommermonaten stürzt sich ein Schauspieler in der Rolle des berühmten Piraten auf der Ralswieker Freilichtbühne auf Rügen in neue Abenteuer. Die aufgeführten Stücke erzählen von den großen Taten des Volkshelden, der im 14. Jh. auf Ost- und Nordsee operierte und 1400 vor Helgoland gefangen und in Hamburg hingerichtet wurde.

Strandkörbe
Der Rostocker Hofkorbmachermeister Wilhelm Bartelmann gilt als der Erfinder des Strandkorbs. 1882 baute er einer älteren, rheumakranken Dame einen mit Markisenstoff überdachten Rohrstuhl als Windschutz, der einem hochgestellten Wäschekorb glich. 1883 annoncierte Bartelmann im »Allgemeinen Rostocker Anzeiger«: »Badegästen empfiehlt Bartelmann Strandkörbe als Schutz gegen Sonne und Wind ...« Und seine Ehefrau eröffnete 1884 in Warnemünde den ersten Strandkorbverleih an der Ostseeküste. In Heringsdorf auf Usedom fertigt eine Fabrik noch Strandkörbe in traditioneller Handarbeit.

Thalassotherapie
Meerwasser heilt und macht schön. Das wussten schon die Römer und die alten Ägypter. In unseren Tagen wurde die Thalassotherapie (thalassa – griech.: das Meer) wiederentdeckt und wird heute von mehreren Hotels angeboten. Doch Original-Thalasso ist in Deutschland bislang nur im *Thalasso-Vital-Center Arkona Spa* des Hotels *Neptun* in Rostock-Warnemünde zu haben *(www.hotel-neptun.de)*. Dort füllt täglich frisch eingelassenes Meerwasser, das über eine Pipeline befördert wird, Pool und Wannen.

Wellness
Wellness heißt auch an der Ostseeküste von Mecklenburg-Vorpommern der Megatrend. Immer mehr Hotels bieten ihren Gästen exklusiv ausgestattete Wellnessbereiche für unterschiedliche Wohlfühlerlebnisse an. Damit bei diesem großen Angebot die Qualität garantiert wird, hat Mecklenburg-Vorpommern 2004 als erstes Bundesland ein Qualitätssiegel für Wellnesshotels und Freizeitbäder eingeführt. Nur wer eine Prüfung durch den Deutschen Wellnessverband bestanden hat, bekommt dieses Gütesiegel verliehen. So kann der Gast sicher sein: Wo Wellness draufsteht, ist auch Wellness drin.

Zeesenboote
Bis in die 60er Jahre des 20. Jhs. waren die robusten, bis zu 12 m langen Zeesenboote auf den Boddengewässern zum Fischfang unterwegs. Denn wegen ihres geringen Tiefgangs waren sie dafür prädestiniert. Benannt sind die für Deutschland einzigartigen Fischereifahrzeuge nach der Zeese, einem beutelartigen Schleppnetz, das durch das Wasser gezogen wurde. In den vergangenen Jahren erlebten die Zeesenboote ein Comeback als Regattasegler und für Touristenfahrten. Charakteristisch sind auch heute noch die braunen Segel.

Auch in Prerow auf dem Darß sind Strandkörbe ein Muss

SKIPPER
RESTAURANT PENSION
Seezungen-
Filet Müllerin
mit Petersilienkart.
Soße Hollandaise
und Salatschale

Fisch, Tüften und Köm

Deftige Abwechslung bieten die süßsauren Gerichte der Regionalküche

Gastronomisch hat man an der Küste von Mecklenburg-Vorpommern ordentlich zugelegt. Die vom kargen Angebot diktierte Eintönigkeit der DDR-Küche gehört der Vergangenheit an. Fleißig haben die Köche in der letzten Zeit in Großmutters Kochbüchern gekramt und viele längst vergessene Rezepte hervorgeholt. Immer mehr von ihnen dürfen sich mit Kochlöffeln oder Sternen schmücken, die ihnen Gastronomieführer zuerkennen.

Wer an die Ostseeküste reist, möchte Fisch essen. Fisch war und ist der kulinarische Spitzenreiter, fast immer kommt er fangfrisch direkt vom Kutter in die Restaurantküche. Aus der Ostsee werden Hering, Dorsch, Flunder, Aal und Lachs geholt, aus den Boddengewässern vor allem Barsch, Zander, Karpfen und Hecht.

In den Monaten März und April dreht sich alles um den Hering, das »Silber des Meeres«. Der Hering war bis Anfang des 20. Jhs. ein Essen für arme Leute. Heute gilt er als Delikatesse. Auf Usedom und Rügen wird jährlich im April zu den »Heringswochen« geladen.

Überall an der Küste finden Sie gemütliche und gute Restaurants

Hat der Hering gelaicht und ist weitergezogen, kommt der Hornfisch, der bis zu einem Meter lang wird, aus den portugiesisch-spanischen Küstengewässern zum Laichen in die Ostsee geschwommen. Der Hornfisch, auch Maiaal genannt, hat schmackhaftes Fleisch. Er ist an grasgrünen Gräten und der lang gezogenen, zylinderartigen Form mit dem spitz zulaufenden Maul zu erkennen.

Die Fischer liefern ihre Ware nicht nur an Restaurants, viele bieten sie auch sonst zum Verkauf an. Bereits am frühen Morgen weisen qualmende Räuchertonnen den Weg zu den Fischerhütten. Die Methode des Räucherns dürfte sich seit Jahrhunderten kaum verändert haben: Die Fische, Aal oder Hering beispielsweise, werden auf Stangen gespießt und in die Tonne gehängt, wenn es darin so richtig qualmt. Die Kunst des Räucherns wird von Generation zu Generation weitergegeben. Man muss den richtigen Zeitpunkt, zu dem der Fisch goldgelb ist und sich die Haut leicht lösen lässt, im Gespür haben. Holz von Erle und Birke geben den Fischen vor allem die gute Farbe, das von Buche und Eiche den gewünschten Geschmack. Aber wie

Spezialitäten der Ostseeküste

Lassen Sie sich diese Köstlichkeiten gut schmecken!

Aal in Dillsoße – Die Soße besteht aus einem aus Wasser, Wein, fein gehackter Zwiebel, Lorbeerblatt und Zitronenschale hergestellten Sud, in dem der Aal gegart wird. Sie wird mit Sahne und Eigelb legiert. Fein gehackter Dill kommt ganz zum Schluss dazu.

Gebratener Hornfisch – Kleine, in heißem Öl gebratene Fischstücke, die mit Senfsoße, Salzkartoffeln und frischem Salat serviert werden. Den grätenreichen Hornfisch gibt es nur im Frühsommer.

Gefüllter Schweinerücken – Schweinerücken mit einer Hackfleischmasse gefüllt, unter die klein geschnittene Backpflaumen gemischt sind.

Gespickter Ostseedorsch – Der mit Senf eingeriebene und mit Speck gespickte Fisch wird mit Weißwein übergossen und auf einem Gemüsebett gegart. Serviert wird er mit Meerrettich und Pellkartoffeln.

Himmel und Erde – Stampfkartoffeln (Erde) werden mit gekochten und durchgerührten Äpfeln (Himmel) zu gleichen Teilen vermischt. Darunter ist ausgelassener Speck gemischt. Abgeschmeckt wird mit Salz und eventuell Zucker.

Klopfschinken – Rohe Schinkenscheiben werden einige Stunden in mit Muskat gewürzter Milch eingelegt, dann in verquirltem Ei und Paniermehl gewendet und in Öl goldbraun gebacken. Als Beilage gibt es in Butter gebratene Waldpilze, grünen Salat, gedünstetes Gemüse und Kartoffeln.

Labskaus – Durch den Fleischwolf gedrehte, gepökelte Rinderbrust vermischt mit einem Püree aus Kartoffeln, Heringsfilets und eingelegten roten Beeten. Von diesem alten Seefahrergericht gibt es mehrere Varianten, eins ist jedoch immer gleich: Auf das Labskaus kommt ein Spiegelei.

Mecklenburgische Fischsuppe – Dorsch-, Zander-, Barsch- oder Bleistreifen sowie in Streifen geschnittenes Gemüse in einem Fischsud. Leicht sämig wird die Suppe durch Weizengrieß. Vor dem Servieren bestreut man sie mit frischen Küchenkräutern.

Rote Grütze – Johannis-, Erd- und/oder Himbeeren, auch Kirschen werden gekocht und mit Stärkemehl zu Grütze gebunden. Abgeschmeckt wird mit einer Prise Zimt. Man reicht die beliebte Nachspeise mit Vanillesoße.

viel von welchem Holz zu nehmen und wann welches nachzulegen ist, das bleibt Geheimnis der Fachleute.

In den Küstenregionen konnten sich teure Köstlichkeiten einst nur wenige leisten, auf den Tisch der Fischer und Landarbeiter kam, was vor der Tür der rohrgedeckten Häuschen wuchs und was in den nahen Gewässern schwamm: Kartoffeln, Kohl, Rüben, Schweinefleisch, Geflügel und Fisch. Die Tüften, wie hier zu Lande Kartoffeln genannt werden, sind die beliebteste Beilage. Auf Usedom zeigen die Köche jährlich im Herbst zu den »Tüftentagen«, wie lecker sich die kleinen Knollen zubereiten lassen.

Ähnlich steht es mit dem Kohl, der in der Vergangenheit in vielen Familien auf Rügen im Winter den Speiseplan bestimmte, denn Kohleintopf ließ sich mehrere Tage aufwärmen. Heute ist er kein Armeleuteessen mehr. Kohl, der auf der Rügener Halbinsel Wittow prächtig gedeiht, wird im Herbst sogar in Gourmetrestaurants angeboten, wenn es auf Deutschlands größter Insel heißt: »Rügen im Kohlfieber«.

Manches, das die Mecklenburger und die Vorpommern mögen, ist für die Gäste gewöhnungsbedürftig. Denn Rosinen im Grünkohl, Backpflaumen im Gänse- oder Honig am Rippenbraten sind nun wirklich nicht allgemein üblich. Aber hier schätzt man die süßsaure Geschmacksrichtung.

Etliches erinnert an die schwedische Küche, denn große Landesteile gehörten fast 200 Jahre lang zu Schweden. Anregungen für die heimische Küche brachten auch die über die Weltmeere schippernden Seeleute mit und später dann die Feriengäste, die aus allen Regionen Deutschlands angereist kamen. In der Gegenwart gehören auch Restaurants mit bayerischer Küche, mit italienischen oder fernöstlichen Spezialitäten zum gastronomischen Angebot an der Ostseeküste.

Die Küstenwälder sind wildreich, und so bieten viele Köche Wildgerichte an. Hirsch und Reh, aber auch Schwarzwild werden vorzüglich zubereitet. Die Kräuter dazu stammen nicht selten aus dem eigenen Garten und die für die Geschmacksverfeinerung verwendeten Pilze und Beeren aus dem nahen Wald.

Auf Rügen haben einige Kochkünstler Experimentierfreude und Interesse für Tradition gleichermaßen bewiesen: Sie entdeckten das im Park zu Putbus prächtig gedeihende Liliengewächs Bärlauch wieder, dessen Blätter im Geschmack Knoblauch ähneln, und setzen es in ihren Küchen erfolgreich ein.

Am Nachmittag wird, vor allem auf Hiddensee, leckerer Sanddornkuchen angeboten. Köstlich schmecken auch Sanddorneis und Sanddornlikör. Der Sanddornstrauch wird bis zu 2 m hoch und entwickelt orangerote, sehr vitaminhaltige Früchte. In kleinen Restaurants werden die Sanddornerzeugnisse meist aus selbst gepflückten Beeren zubereitet. Die Rezepte sind allerdings geheim.

Wen in der kalten Jahreszeit nach einem Strandspaziergang friert, dem wird zum Aufwärmen ein *Köm* (klarer Kümmelschnaps) oder ein Grog angeboten. Das Rezept dafür lautet: Auf zwei Stück Zucker wird so viel Rum oder Weinbrand gegossen, bis das Glas zur Hälfte voll ist, dann wird mit siedend heißem Wasser aufgefüllt.

Buddelschiffe und Bernsteinketten

Das »Gold des Nordens« und maritime Kunst sind beliebte Mitbringsel

Die Auswahl an typischen Mitbringseln reicht von maritimen Stücken bis zu Landschaftsbildern. Nach wie vor beliebt sind die *Buddelschiffe,* von denen die kleinsten nur streichholzschachtelgroß sind. Hinter der Binnenländern oft unbekannten Bezeichnung verbirgt sich ein maßstabsgerechtes Schiffsmodell in einer Flasche, niederdeutsch Buddel genannt. Die aus Holz geschnitzten Schiffsteile und die Papiersegel werden mit einem Faden zusammengenäht und als längliches Paket durch den Flaschenhals geschoben. Die Masten richten sich in der Buddel durch Ziehen am Faden auf.

Wer Keramik liebt, sollte sich die *Fischlandkeramik* aus Ahrenshoop oder die *Rügenkeramik* aus Putgarten/Arkona und Middelhagen anschauen; die künstlerische Gestaltung und die gute Qualität rechtfertigen den Preis.

An erster Stelle rangiert in der Gunst der Touristen jedoch nach wie vor *Bernsteinschmuck,* der an der gesamten Küste in großer Auswahl angeboten wird. Wer mehr ausgeben möchte, der sollte eine Goldschmiede auf der Insel Rügen oder in Stralsund aufsuchen. Dort gibt es verkleinerte Nachbildungen des berühmten *Hiddenseer Goldschmucks* als Brosche, Anhänger oder Ring. Der aus 16 Einzelteilen bestehende Brustschmuck entstand vermutlich vor tausend Jahren. Im Original haben die Hängekreuze (mit einem stilisierten Vogelkopf) eine Höhe von 6,4 bzw. 5 cm.

Das traditionelle Fischerhemd von Rügen ist ein beliebtes Mitbringsel

Die wertvollsten Souvenirs dürften jedoch immer noch jene sein, die man selbst am Strand findet, seien es versteinerte Seeigel, Bernstein oder Muscheln.

Zum Shopping fährt man am besten in die großen Städte, nach Wismar beispielsweise, dessen Einkaufsstraße sich hinter dem Markt befindet. In Greifswald konzentrieren sich die Geschäfte in der *Langen Straße* und dem sich anschließenden Teil, der *Schuhhagen* heißt. Rostocks Bummel- und Einkaufsboulevard ist die *Kröpeliner Straße,* in Stralsund findet man die meisten Geschäfte in der *Ossenreyerstraße.*

Wer mehr ausgeben möchte und einen Strandkorb für die heimische Terrasse anschaffen will: In Heringsdorf gibt es die älteste deutsche *Strandkorbfabrik (Bühlowstraße/Ecke Brunnenstraße).*

Feste, Events und mehr

Modegala, Musikfestivals und Windjammerparade

Vor allem in der warmen Jahreszeit ist immer und überall etwas los. Strand-, Fischer- und Neptunfeste wechseln sich ab. Einige Veranstaltungen haben Tradition, wie das Tonnenabschlagen auf der Halbinselkette Fischland, Darß, Zingst, andere, beispielsweise Musikfestivals, haben inzwischen sogar überregionale Bedeutung erlangt.

Tonnenabschlagen

Feiertage

1. Jan. (Neujahr); **Karfreitag; Ostermontag; 1. Mai** (Tag der Arbeit); **Himmelfahrt; Pfingstmontag; 3. Okt.** (Tag der Deutschen Einheit); **31. Okt.** (Reformationstag); **25. und 26. Dez.** (Weihnachten)

Veranstaltungen

Frühjahr und Herbst

Heringsdorf goes Fashion: die große Oper der Modepräsentation. Im April und im Oktober zeigen alljährllich namhafte Designer und Modehäuser an zwei Tagen ihre aktuellen Kollektionen im Forum Usedom. *Tel. 038378/244 16, www.heringsdorf-goes-fashion.de*

Juni bis September

Tonnenabschlagen: Der Brauch rührt aus der schwedischen Besatzungszeit. Als die letzte Tonne Fisch für die Steuer abgeliefert war, zerschlugen die Fischer aus Freude darüber bunt geschmückte Heringsfässer. Daraus entwickelte sich das Tonnenabschlagen, das in den Sommermonaten in fast allen Orten der Halbinselkette Fischland, Darß, Zingst stattfindet: Eine Holztonne wird aufgehängt, Reiter reiten darunter hindurch und versuchen, mit einem Knüppel ein Stück davon abzuschlagen; wer das letzte Stück der Tonne abschlägt, ist Tonnenkönig.

Tel. 038324/ 64 00, www.fischland-darss-zingst.de
Festspiele Mecklenburg-Vorpommern: Rund hundert Konzerte werden beim größten Musikfestival Mecklenburg-Vorpommerns von internationalen Stars und der jungen Elite an ungewöhnlichen Spielorten aufgeführt. *Tel. 0385/59 18 50, Fax 591 85 10, www.festspiele-mv.de*
Störtebeker-Festspiele: Klaus Störtebeker, der Robin Hood der Ostsee, stürzt sich Jahr für Jahr auf der Freilichtbühne am Großen Jasmunder Bodden in Ralswiek auf Rügen in spannende Abenteuer. *Mo–Sa 20 Uhr, Tel. 03838/311 00, www.stoertebeker.de*

Juli

Warnemünder Woche: das bedeutendste Segelsportereignis der Region, eine Woche lang in der ersten Julihälfte. Traditionell findet in Warnemünde am ersten Juliwochenende der Insider Tipp »Ümgang« (Umzug in historischen Kostümen) statt. Ein Riesenspaß ist das Waschzuberrennen. *Tel. 0381/ 54 80 00, www.warnemuende.de*
Sundschwimmen: Etwa tausend Schwimmer beteiligen sich an dem bedeutendsten deutschen Langstreckenschwimmen, das über 2,3 km von Altefähr auf Rügen nach Stralsund geht. Für die Jüngsten gibt es ein 1,1 km langes Kinderschwimmen.
Zappanale: Viertägige Mammutparty Ende Juli in Bad Doberan. Tausende von Rockfans huldigen der Musik des legendären Frank Zappa.
Wallensteintage: Das Historienspektakel an einem Wochenende um den 24. Juli in der City von Stralsund mit Söldnern und Kanonieren, Händlern, Musikanten und Gauklern erinnert an 1638, als Feldherr Wallenstein die ergebnislose Belagerung Stralsunds beendete.

August

★ *Hanse Sail Rostock:* Imposante Windjammer, Traditionssegler und Museumsschiffe geben sich vier Tage lang in der ersten Augusthälfte ein Stelldichein. Das große maritime Fest zieht jährlich bis zu 1 Mio. Besucher an. *Tel. 0381/208 52 33, www.HanseSail.com*

Dezember

Insider Tipp *Rostocker Weihnachtsmarkt:* Mit mehr als 200 Schaustellern und Händlern sowie einer 2,5 km langen Marktbebauung ist er der größte Weihnachtsmarkt ganz Norddeutschlands.

Warnemünder Woche

Noch vor hundert Jahren schwedisch

Eine beschauliche Küstenregion mit dem Inselchen Poel und der kleinen Hansestadt Wismar

Die Hafenstadt Wismar mit einer Fülle von Baudenkmälern liegt in einer fast naturbelassenen Landschaft. Westlich dehnt sich der Klützer Winkel mit kleinen Dörfern und der Wohlenberger Wiek aus, einem Teil der Wismarer Bucht. Östlich trennt der Breitling – so wird der schmale Wasserstreifen kurioserweise genannt – die Insel Poel und das Festland.

Über 250 Jahre, bis 1903, gehörten Wismar und Poel zu Schweden. Der 150 km^2 große Klützer Winkel mit dem Ostseebad Boltenhagen wird scherzhaft auch »Speckwinkel« genannt, denn das Gebiet rund um das Städtchen Klütz gilt als eines der fruchtbarsten in Norddeutschland.

BOLTENHAGEN

[106 C2] ★ Boltenhagen (2500 Ew.) am Westrand der Wismarbucht kann den Ruhm beanspruchen, das drittälteste Ostseebad Deutschlands zu sein. Bereits 1803 stand hier der erste der damals üblichen Badekarren am Strand.

Der Alte Schwede in Wismar stammt aus dem 14./15. Jh.

Blühende Wiese auf der Insel Poel

Charakteristisch für Boltenhagen sind der meist steinfreie, flach ins Meer führende Strand, villenartige Ferienhäuser und ein Wald- und Wiesenstreifen zwischen dem Strand und der Promenade. Der besondere Stolz des traditionsreichen Familienbades ist die 1991 fertig gestellte, 290 m lange Seebrücke.

ESSEN & TRINKEN

Blinkfür
Maritimes Fischrestaurant mit hauseigener Räucherei. *Jan. geschl., Ostseeallee 64, Tel. 038825/221 14, €€*

Zur Düne
Beeindruckende große Speisenauswahl, noch beeindruckender sind die niedrigen Preise. *Tgl., Strandpromenade 15, Tel. 038825/298 69, €*

Rückblende

Erschütterndes aus der Zeit der Teilung

Zu DDR-Zeiten ging es am Strand trist zu. Ruder- und Paddelboote beispielsweise konnten nicht ausgeliehen werden, Fischer durften keine Urlauber auf ihren Kuttern mitnehmen. Verboten war alles, was die Möglichkeit einer Flucht über die nasse Grenze bot. Auch die Seegrenze der Ostsee wurde scharf bewacht; 800 Soldaten und Offiziere sowie 34 bewaffnete Schiffe standen bereit, um so genannte Angriffe auf die sozialistische Staatsgrenze abzuwehren. Laut DDR-Statistik gab es 4272 Fluchtversuche über die Ostsee, von denen nur 591 erfolgreich waren. 189 Menschen sind bei dem Versuch, diese Grenze zu überwinden, ertrunken.

ÜBERNACHTEN

Gutshaus Redewisch
Umgeben von Wiesen und Feldern, entstanden in einem frühklassizistischen Gutshaus. *21 Zi. und Suiten. Dorfstr. 46, Tel. 038825/37 60, Fax 376 37, www.gutshaus-redewisch.de,* €€–€€€

Hotel »Pension Kühne«
Angenehmes Haus mit Beauty- und Wellnessstudio. 22 *Zi., 3 Ferienwohnungen, Ostseeallee 92, Tel. 038825/370 80, Fax 37 08 25, www.hotel-pension-kuehne.m-vp.de,* €–€€

Regenbogen Camp Boltenhagen
Ferienpark mit 75 bunten, im skandinavischen Stil erbauten Ferienhäusern (bis zu 6 Pers.) mit Dusche/WC, achteckigen Tipi-Ferienhäusern (2 Erw., 2 Kinder) oder komplett ausgestatteten Mietwohnwagen. Im Sommer Animationsprogramme für Kinder. Außerdem: Restaurant, Sauna, Badminton- und Tennisplätze. *Ostseeallee 76, Tel. 038825/422 22, Fax 422 25, www.regenbogen-resorts.de,* €€

Seehotel Großherzog von Mecklenburg
Familienfreundliches Hotel mit Schwimmbad unterm Dach; direkt am Strand. *150 Zi., Ostseeallee 1, Tel. 038825/500, Fax 505 00, www.seehotel-boltenhagen.de,* €€€

FREIZEIT & SPORT

Von der Seebrücke legen regelmäßig Schiffe zu Ausflugsfahrten ab, an der Mittelpromenade wird Minigolf gespielt und in der Ostsee-Therme *(Ostseeallee)* in Meerwasser gebadet. Reiten durch Wald und Wiesen oder bei schlechtem Wetter in der Halle bietet der *Reiterhof Anna Rüder (Ostseeallee 40 c).*

EINKAUFEN

Bauernmarkt Redewisch
In einer ausgemusterten Traktorenhalle kann zwischen frischen Pro-

dukten der Region und tausend schönen Dingen wie Korbwaren, Tischdekoration und maritimen Mitbringseln gestöbert und natürlich auch gekauft werden. Zum Ausruhen lädt ein kleines Café ein. *Dorfstr. 23 c, tgl. geöffnet*

AUSKUNFT

Kurverwaltung
Ostseeallee 4, 23946 Ostseebad Boltenhagen, Tel. 038825/36 00, Fax 360 30, www.boltenhagen.de

ZIELE IN DER UMGEBUNG

Klütz [106 C2]
Sehenswürdigkeit in der kleinen Stadt (3300 Ew.) ist *Schloss Bothmer*, Mecklenburgs größter barocker Schlosskomplex. Blenheim Castle beim englischen Woodstock diente als Vorbild; der täglich zu besichtigende Barockpark dagegen ähnelt dem berühmten Großen Garten zu Herrenhausen in Hannover. Erkundigen Sie sich im Informationszentrum Klütz *(Tel. 038825/225 95, Fax 223 88, www.kluetzer-winkel.de)* nach den beliebten Konzerten im Schloss. Die 1904 erbaute *Mühle* am nordwestlichen Stadtrand genießt als Gaststätte einen guten Ruf *(März–Okt. tgl., Nov.–Feb. nur Sa/So, Tel. 038825/221 02, €€). 6 km*

Insider Tipp

Steinzeitdorf Kussow [106 C2]
Wie haben unsere Vorfahren gelebt? Die nachempfundene Siedlung aus dem Neolithikum (5000 bis 1800 v. Chr.), die zu einem viel besuchten Freilichtmuseum wurde, zeigt es *(April–Okt. Mo–Fr 10–18, Nov.–März Mo–Do 9–15 Uhr). 12 km*

INSEL POEL

[107 D–E 1–2] ★ Das 37 km² große Eiland besitzt Sandstrände, Steilküste und eine weite Boddenlandschaft. Wegen der geringen Wassertiefe in den Uferbereichen ist die Insel vor allem bei Familien beliebt. Streng genommen dürfte sich Poel (2800 Ew.) gar nicht mehr Insel nennen, denn eine Brücke und ein Damm stellen die Verbindung zum Festland her. Vom Wall der

MARCO POLO Highlights »Wismar und die Wismarbucht«

★ **Boltenhagen**
Villenartige Ferienhäuser aus der Wende zum 20. Jh. (Seite 27)

★ **Marktplatz**
Wismar besitzt den größten Marktplatz in Mecklenburg-Vorpommern (Seite 31)

★ **Insel Poel**
Sandstrände, Steilküste und weite Boddenlandschaft (Seite 29)

★ **Zum Weinberg**
Essen und Trinken in einer Renaissancediele aus der Hansezeit Wismars (Seite 32)

ehemaligen Festung fasziniert der schöne Blick auf den Seglerhafen des Hauptortes *Kirchdorf.*

MUSEUM

Heimatmuseum
Volks-, Natur- und Fischereikunde, präsentiert in der Dorfschule von 1806. Informiert wird auch über die Schiffskatastrophe am 3. Mai 1945 in der Lübecker Bucht. 7000 Häftlinge aus dem KZ Neuengamme, auf vier Schiffe getrieben, kamen bei einem Luftangriff ums Leben. *Mitte Mai–Mitte Sept. Di–So 10–16, Mitte Sept.–Mitte Mai Di, Mi, Sa 10–12 Uhr, Möwenweg 4, Kirchdorf*

ESSEN & TRINKEN

Poeler Forellenhof
Vorzüglich ist der frische oder direkt aus der hauseigenen Räucherei kommende Fisch. *Tgl., Niendorf, Tel. 038425/42 00,* €–€€

Wirtshaus Steinhagen
Das Restaurant wartet mit soliden Küchenleistungen auf. *Tgl., Wangern, Tel. 038425/212 95,* €–€€

ÜBERNACHTEN

Ferienresidenz Steinhagen
Naturnahe Erholung in einem völlig sanierten Gutshaus. 15 Ein- bis Drei-Zimmer-Ferienwohnungen. *Wan-gern, Tel. 038425/44 40, Fax 44 41 11, www.insel-poel.com,* €–€€

Inselhotel Poel
U. a. Schwimmbad, Bogenschussanlage, Bocciabahn, Golf-Drivingrange, Tennisplätze. *50 Zi., Gollwitz, Tel. 038425/240, Fax 242 22, www.inselhotelpoel.de,* €–€€

Zur Seemöwe
Hübsche Zimmer in altem Backsteingemäuer. *14 Zi., Möwenweg 7, Kirchdorf, Tel. 038425/40 70, Fax 407 33, www.insel-poel.de,* €

Die Insel Poel ist ein ideales Ziel für naturnahen Familienurlaub

FREIZEIT & SPORT

Schiffe zu Ausflugs- und Angelfahrten starten im Hafen Kirchdorf. Minigolfplätze gibt es in Timmendorf Strand und Schwarzer Busch. Kutschfahrten und Ausritte bietet der *Reiterhof Plath (Timmendorf)*.

AUSKUNFT

Kurverwaltung
Wismarsche Str. 2, 23999 Kirchdorf, Tel. 038425/20347, Fax 4043, www.insel-poel.de

WISMAR

Karte im hinteren Umschlag

[107 E2–3] Aus der Silhouette der 1226 gegründeten Stadt (47 000 Ew.), die ihre schönste Seite dem Wasser darbietet, ragt der 700 Jahre alte Turm der Marienkirche als Wahrzeichen heraus. Etwa 300 Baudenkmäler gibt es in der zum Weltkulturerbe gehörenden Altstadt von Wismar, das zu den bedeutenden Mitgliedern der Hanse gehörte. An die bis 1903 dauernde Schwedenzeit erinnern unter anderem die beiden so genannten *Schwedenköpfe* (gusseiserne Poller, bunt bemalt) vor dem barocken Baumhaus am Alten Hafen. Der Weg zu den Liegeplätzen der Schiffe führt am 500 Jahre alten Wassertor vorbei, dem letzten der einst fünf Stadttore Wismars.

SEHENSWERTES

Fürstenhof
Der herrlich restaurierte Wohnsitz der mecklenburgischen Herzöge ähnelt dem terrakottageschmückten Palazzo Roverella des Herzogs von Ferrara. Der Fürstenhof gehört zu den bedeutenden Bauwerken der Frührenaissance (16. Jh.) im Ostseegebiet. *Vor dem Fürstenhof*

Marienkirchturm
Die zu Beginn des 14. Jhs. erbaute Ratskirche galt als einer der bedeutenden Backsteinbauten im norddeutschen Raum. Die Ruine der im Zweiten Weltkrieg zerstörten Kirche wurde 1960 abgetragen, stehen blieb nur der Turm. Das aus 14 Chorälen bestehende Glockenspiel (Inside Tipp) erklingt um 12, 15 und 19 Uhr. Beachtung verdient auch das benachbarte, 500 Jahre alte *Archidiakonat:* ein wunderschönes Beispiel norddeutscher Backsteingotik. *Marienkirchhof/Sargmacherstr.*

Marktplatz
★ Mit 100 mal 100 m ist er der größte Marktplatz in Mecklenburg-Vorpommern. Markt findet dienstags, donnerstags und samstags statt. Blickfang in der Südostecke ist der pavillonartige, zwölfeckige Bau der *Wasserkunst* (Ende 16. Jhs.). Die Nordseite des Marktplatzes nimmt das klassizistische Rathaus ein. Im Rathauskeller, mit 53 mal 17 m eine der größten mittelalterlichen Kelleranlagen Norddeutschlands, wird die Ausstellung »Wismar – Bilder einer Stadt« gezeigt *(tgl. 10–18 Uhr)*. Beachtenswerte Giebelhäuser zieren die Ost- und Südseite, herausragend das Bürgerhaus *Alter Schwede* aus dem 14./15. Jh.

Nikolaikirche
Hervorragendes Beispiel norddeutscher Backsteingotik. Das Kirchen-

schiff misst 37 m und ist somit das dritthöchste ganz Deutschlands. Der Schnitzaltar aus der im Krieg zerstörten Georgenkirche (deren Wiederaufbau bis zum Jahr 2010 erfolgen soll) gehört mit einer Fläche von 10 mal 4 m zu den monumentalsten seiner Art an der Ostseeküste. *Nikolaikirchhof*

MUSEUM

Stadtgeschichtliches Museum
Wissenswertes zur Stadtgeschichte und Maritimes im 400 Jahre alten prunkvollen Schabbell-Haus. *Mai bis Okt. Di–So 10–20, Nov.–April Di–So 10–17 Uhr, Schweinsbrücke 8, www.schabbellhaus.de*

ESSEN & TRINKEN

Fürstenhof Café
Im schlichten Ambiente serviert Annette Knobel Frühstück, Snacks, Kuchen und Eis. Eine grüne Oase im Stadtzentrum ist in der warmen Jahreszeit der kleine Hausgarten. *Tgl., Bliedenstr. 32*

Kaminstube
In dem rustikalen Restaurant kommen altdeutsche Speisen auf den Tisch. Auf der Karte stehen auch Steak, Roulade und Gulasch vom Pferd. *Tgl., Bademutterstr. 19, Tel. 03841/22 88 30, €*

Stadt Hamburg
Küchenchef Holger Jacob kocht mit regionalen und mediterranen Produkten. Eine der Spezialitäten: Dorschfilet unter der Kartoffelkruste mit Senfsauce und Dillgurken. *Tgl., Am Markt 24 (im Steigenberger Hotel Stadt Hamburg), Tel. 03841/23 90, Fax 23 92 39, €€€*

Zum Weinberg
★ Historische Gaststätte mit urgemütlicher Atmosphäre. Vom Ende der Hansezeit stammt die herrliche Diele. *Tgl., Hinter dem Rathaus 3, Tel. 03841/28 35 50, www.weinberg-wismar.de, €€*

ÜBERNACHTEN

Hotel Seeblick
Direkt am Strand und der Seebrücke im Stadtteil Bad Wenndorf liegt das modernisierte Hotel. Die 40 Zimmer sind im Landhausstil eingerichtet. *Ernst-Scheel-Str. 27, Tel./Fax 03841/627 40, www.hotel-seeblick-wismar.de, €€*

Pension Chez Fasan
Die Gäste schätzen die nette, familiäre Atmosphäre in den drei zusammenliegenden, sanierten Altstadthäusern, die die gemütliche Pension bilden. *25 Zi., Bademutterstr. 20 a, Tel. 03841/21 34 25, Fax 20 22 85, www.pension-chez-fasan.de, €*

Pension-Gästehaus Wismaria
Inside Tipp
Wer preiswert wohnen möchte, quartiert sich in einem der schlicht eingerichteten 17 Zimmer (ohne Fernseher) ein. *Buchung über City-partner Hotel Alter Speicher, Bohrstr. 12 a, Tel. 03841/21 17 46, Fax 21 17 47, www.hotel-alter-speicher.de, €*

Steigenberger Hotel Stadt Hamburg
Hinter einer denkmalgeschützten Fassade erwarten den Gast 104 modern und wohnlich eingerichtete Zimmer. *Am Markt 24, Tel. 03841/23 90, Fax 23 92 39, www.wismar.steigenberger.de, €€€*

Reich an Restaurants und Cafés: Wismars City

FREIZEIT & SPORT

Im *Freizeitbad Wonnemar (tgl., Bürgermeister-Haupt-Str. 38, Tel. 03841/32 76 10, www.wonnemar.de)* sind auch Saunen und ein Freizeitbereich vorhanden. Im *Sportpark Wismar (Hoher Damm 48)* Tennis, Badminton, Bowling, Squash, Kegeln, Sauna und Solarium. 14 Bahnen gibt's im *Bowling Center Wismar (Zum Siedehaus)*.

AM ABEND

Zum Absacker trifft man sich gern im *Schlauch (Lübsche Str. 18, www.derschlauch.de)*; manchmal zu Livemusik. Die wird freitags und samstags auch im *Brauhaus am Lohberg* geboten *(Kleine Hohe Str. 15, www.brauhaus-wismar.de)*, in dem das selbst gebraute Bier für die gute Stimmung an den blank gescheuerten Tischen sorgt. Im *Theater der Hansestadt (Philipp-Müller-Str., Tel. 03841/50 72 08)* gastiert auch die *Niederdeutsche Bühne Wismar e. V.*

AUSKUNFT

Wismar-Information
Am Markt 11, 23966 Wismar, Tel. 03841/194 33, Fax 25 18 19, www.wismar.de

ZIEL IN DER UMGEBUNG

Dorf Mecklenburg **[107 E3]**
An die einstige slawische *Mikilinburg* erinnert nur noch eine mächtige Wallanlage nahe der Kirche. Sie gilt als die »Wiege des Landes«, denn von ihr hat das Land den Namen. In der *Windmühle* von 1849 etablierte sich ein Restaurant, daneben das *Hotel Mecklenburger Mühle (38 Zi., 23972 Dorf Mecklenburg, Tel. 03841/39 80, Fax 39 81 98, www.hotel-mecklenburger-muehle.m-vp.de, €). 7 km*

ARKONA

Weiße Strände und Backsteingotik

Sandstrände, Steilküsten und viel Wald geben Rostock einen kontrastreichen Rahmen

Berühmt wurde Bad Doberan, die einstige Sommerresidenz der Mecklenburger Herzöge, durch eine gotische Klosterkirche, heute besser bekannt als Doberaner Münster. Seit über hundert Jahren dampft eine kleine Schmalspurbahn – der legendäre »Molli« – durch die Straßen der Stadt. Auf halber Strecke nach Kühlungsborn liegt Doberans Seebad Heiligendamm, in der 1793 das Badeleben an der Ostsee begann und das dabei ist, eines der exklusivsten Seebäder Europas zu werden mit Spitzenhäusern wie dem Kempinski Grand Hotel. Dessen Eröffnung 2003 wurde allgemein viel beachtet.

Lebhafter geht es am imponierenden Sandstrand des benachbarten Kühlungsborn zu, der Endstation des »Molli«. Kühlungsborn, das größte Ostseebad Mecklenburgs, ist, ebenso wie Rerik, besonders bei Familien beliebt.

Viel Kunst und Kultur hält vor allem die Hansestadt Rostock mit dem Badevorort Warnemünde bereit, der mit seinen kleinen Häusern, den Kopfsteinpflastergassen und Dutzenden von Kuttern und

Beeindruckender Bau der Backsteingotik: die Marienkirche in Rostock

Kiosk in Warnemünde, dem Badevorort der Hansestadt Rostock

Yachten jeder Größe am Alten Strom Atmosphäre besitzt.

Wer Ruhe sucht, der lässt sich in Warnemünde mit der Fähre über den Neuen Strom nach Hohe Düne übersetzen. Dort, hinter Markgrafenheide, beginnt das große Waldgebiet der Rostocker Heide, das sich bis zum Ostseebad Graal-Müritz hinzieht.

BAD DOBERAN/ HEILIGENDAMM

[108 C2–3] Anziehungspunkte Bad Doberans (11 500 Ew.) sind das gotische Münster und die durch die Straßen dampfende Kleinbahn »Molli«. Parallel zu einer Lindenallee und am Mischwald *Großer Wohld* vorbei schnauft der Zug zunächst dem 6 km entfernten Ortsteil Heiligendamm zu. Das Schweriner Herzogshaus hatte Doberan zur Sommerresidenz erkoren, und am Heiligen Damm nahmen Durchlaucht und seine Gäste ein Bad in der Ostsee.

Die zu DDR-Zeit heruntergewirtschafteten Häuser Heiligendamms standen nach der Einheit jahrelang leer, mit dem Dornröschenschlaf war es im Mai 2003 endlich vorbei. Unter Federführung des amerikanischen Stararchitekten Robert A. M. Stern entstand das Kempinski Grand Hotel, das fünf denkmalgeschützte Bauwerke und mit dem Severin Palais einen gut angepassten Neubau umfasst. Die noch leer stehenden Gebäude sollen in den nächsten Jahren saniert werden. 2007 treffen sich in Heiligendamm die Staats- bzw. Regierungschefs der acht führenden Industrieländer zum G8-Gipfel, der das Seebad in den Blickpunkt des Weltinteresses rücken wird.

SEHENSWERTES

Ehm-Welk-Haus
Hier hat der Erzähler und Dramatiker Ehm Welk von 1950 bis zu seinem Tod 1966 gelebt. Zu sehen ist das Arbeitszimmer des Autors von »Die Heiden von Kummerow« (1937). *Di–Fr 10–12 und 13–16, Sa 14–16, Juni–Aug. auch So 14–16 Uhr, Dammchaussee 23*

Münster
★ Ein wunderschönes Beispiel norddeutscher Backsteingotik inmitten von Wiesen und Bäumen. Die reiche mittelalterliche Ausstattung der täglich zur Besichtigung geöffneten Zisterzienserklosterkirche besitzt internationale Bedeutung. *Klosterstr., www.doberanermuenster.de*

Weiße Stadt am Meer
Wegen seiner weißen, klassizistischen Gebäude bekam Heiligendamm, heute ein Ortsteil von Bad Doberan, den Beinamen »weiße Stadt am Meer«. An die Badgründung erinnert ein 220 t schwerer Granitstein neben dem Grand Hotel. Die Seebrücke entstand 1993 neu. Aus den Anfangsjahren des Seebads stammt das Kurhaus, das heute zum Kempinski Grand Hotel gehört und in dem sich der Ballsaal sowie ein Restaurant des Luxushotels befinden.

ESSEN & TRINKEN

Münsterstuben
Vier kleine, gemütlich eingerichtete Gaststuben. *Nov.–April Mo geschl., Beethovenstr. 19, Tel. 038203/623 84,* €€–€€€

ÜBERNACHTEN

Am Fuchsberg
Kleine Pension am Stadtrand. Besonders junge Leute (aber nicht nur die) mögen das gemütliche Giebelzimmer. *7 Zi., Am Fuchsberg 7 a, Tel. 038203/634 74, Fax 632 52, www.pensionamfuchsberg.de,* €

Insider Tipp

Friedrich-Franz-Palais
Traditionsreiches Haus im Zentrum mit 45 im gehobenen Landhausstil eingerichteten Zimmern. *August-Bebel-Str. 2, Tel. 038203/630 36, Fax 621 26, www.friedrich-franz-palais.de,* €€–€€€

Kempinski Grand Hotel
Das nobelste Hotel an der deutschen Ostseeküste. Die 225 Zimmer und Suiten sind mit handgefertigten Möbeln und modernster Technik ausgestattet. Beispielhaft der 3000 m² große Spa- und Beautybereich. *Tel. 038203/74 00, Fax 74 74, www.kempinski-heiligendamm.de,* €€€

AM ABEND

Auf drei Ebenen geht es in der Diskothek *Joy Planet (B 105, Handelspark)* Fr und Sa ab 22 Uhr heiß her. Das *Kamp-Theater (Severinstr. 4, Tel. 038203/624 13, www.kino-doberan.de)* vereint Bistro und Kino. *Orgelkonzerte* im *Doberaner Münster (Mai–Sept. Fr 19.30 Uhr).*

AUSKUNFT

Touristinformation
Alexandrinenplatz 2, 18209 Bad Doberan, Tel. 038203/621 54, Fax 770 50, www.bad-doberan.de, www.heiligendamm.de

GRAAL-MÜRITZ

[109 E1] Das traditionsreiche Seeheilbad ist für jene der rechte Ort, die Ruhe und Erholung suchen. Graal und Müritz entwickelten sich fast parallel zu Badeorten; 1938 wurden sie vereint, deshalb hat der Doppelort kein richtiges Zentrum. Beide Ortsteile sind durch den fast 6 km langen, breiten Sandstrand verbunden. Eingerahmt wird das Seebad (4000 Ew.), das seit 1993 eine 350 m lange Seebrücke besitzt, vom Waldgebiet der Rostocker Heide und einem Hochmoor. Im Mai/Juni blühen im Kurpark mehr als 2500 Rhododendronstauden, die eine wahre Farbensinfonie bilden. 1985 wurde die Anlage zum Naturdenkmal erklärt.

ESSEN & TRINKEN

Caféstübchen Witt
Kuchen und Eis sowie Fisch- und Wildgerichte in einem rohrgedeckten Häuschen mit schönem Garten,

MARCO POLO Highlights »Rostock und Umgebung«

★ **Münster**
In Doberan zu bewundern: Backsteingotik mit vielen Kunstschätzen (Seite 36)

★ **Jagdschloss Gelbensande**
Mecklenburger Märchenschloss (Seite 38)

★ **Zur Kogge**
Rostocks älteste Schifferkneipe (Seite 44)

★ **Marienkirche**
Monumentaler Backsteinbau aus der Hansezeit in Rostock mit einer interessanten astronomischen Uhr (Seite 42)

★ **Alter Strom**
Warnemündes Flaniermeile mit Kuttern, Segelyachten und Schiffen, die zur Hafenrundfahrt ablegen (Seite 42)

Strandleben in Graal-Müritz

in dem im Sommer auf der Wiese Tische und Stühle stehen. *Mo geschl., Tel. 038206/772 21, Am Tannenhof 2*

Hotelrestaurant Kähler
Eine reiche Auswahl an Fisch- und Fleischgerichten. *Tgl., Zur Seebrücke 18 (im gleichnamigen Hotel), Tel. 038206/798 06,* €€

ÜBERNACHTEN

Haus am Meer
Ideal hinter den Dünen ruhig gelegenes Hotel mit Sauna, Fahrrad- und Strandkorbverleih. *32 Zi., Zur Seebrücke 36, Tel. 038206/73 90, Fax 739 39, www.haus-am-meer.m-vp.de,* €€

IFA Grand Hotel
Allein stehend, mitten im Küstenschutzwald; Schwimmbad mit Erlebnisgrotte, verschiedene Saunen. *100 Zi., Waldstr. 1, Tel. 038206/730, Fax 732 27, www.ifa-grand-hotel.de,* €€€

Ostseecamp und Ferienpark Rostocker Heide
Wer ohne eigenes Zelt anreist, für den stehen Bungalows (40 m²) sowie Mietwohnwagen bereit. *April bis Sept., Tel. 038206/775 80, Fax 791 94, www.ostseecamp-ferienpark.de*

FREIZEIT & SPORT

Im täglich geöffneten *Aquadrom (Buchenkampweg 9, www.aquadrom.net)*, werden unter einem Dach Tennis, Badminton, Handball, Basketball und Fußball gespielt, es gibt vier Kegelbahnen, im Fitnessstudio stehen moderne Geräte und im 25-Meter-Meerwasserbecken drehen die Gäste ihre Runden. Großzügig angelegt ist der Wellnessbereich mit der Saunawelt.

Insider Tipp

AUSKUNFT

Kurverwaltung
Rostocker Str. 3, 18181 Graal-Müritz, Tel. 038206/70 30, Fax 703 20, www.graal-mueritz.de

ZIELE IN DER UMGEBUNG

Forst- und Köhlerhof Wiethagen **[109 E2]**
Im Forst- und Köhlerhof sind zwei zum technischen Denkmal erklärte Teerschwelöfen zu sehen, die bis 1979 produzierten. In der alten Scheune wurde ein kleines *Forstmuseum* eingerichtet *(April–Okt. tgl. 9–16 Uhr, www.koehlerhof-wiethagen.de). 10 km*

Jagdschloss Gelbensande **[109 E2]**
★ Eines der schönsten Bauwerke in Mecklenburg-Vorpommern, zu

dem der Zarensohn Michail Romanow 1885 den Grundstein legte. Die Schlosschronik verzeichnet 1904 die Verlobung der jüngsten Tochter des Großherzogs Friedrich Franz III., der Prinzessin Cecilie, mit dem ältesten Sohn des Kaisers, Kronprinz Wilhelm. Regelmäßig Konzerte, Lesungen, Vorträge *(Mo–Do 10–16, Sa, So 14–17 Uhr, www.jagdschloss-gelbensande.de). 20 km*

Pilz- und Naturerlebnismuseum Neuheide [109 F1]

Zu sehen sind etwa 250 Pilzarten in ihren ursprünglichen Lebensräumen sowie rund 2000 Schmetterlinge und Insekten. Eine Steinkauzfamilie wird mit der Kamera in ihrer Höhle beobachtet, Insider Tipp die Bilder sind live im Museum auf einem Monitor zu sehen. *www.pilz-naturerlebnismuseum.m-vp.de, Mai–Okt. Di–So 10–17, Nov.–April Di–Fr 13–16, Sa 10–17, So 10–12 Uhr, Ribnitzer Landweg 2, etwa 1700 m von der Darß-Fischland-Straße). 8 km*

KÜHLUNGSBORN

[108 B2] Die Kleinbahn »Molli« entlässt hier ihre Fahrgäste in die »grüne Stadt am Meer«, wie sich Mecklenburgs größtes Ostseebad (7300 Ew.) gern nennt. Zu Recht übrigens, denn Mischwälder umrahmen Kühlungsborn, und zwischen den mit einer 3 km langen Strandpromenade verbundenen Stadtteilen Ost (früher Brunshaupten) und West (früher Arendsee) erstreckt sich der 1,3 km^2 große Stadtwald. Die meisten der um die Jahrhundertwende im Stil der Bäderarchitektur erbauten Hotels haben die Zeit überdauert. Die 240 m lange Seebrücke von Kühlungsborn wurde 1991 fertig gestellt.

SEHENSWERTES

Bäderbahn »Molli«

Die liebenswert nostalgische Kleinbahn ist nicht nur für Eisenbahnfans eine Attraktion. Wer schöne Fotomotive sucht, dem bieten sich die Dampfrösser und Oldtimerwagen an – v. a. am Bahnhof Kühlungsborn West, einem der Endpunkte der Strecke *(www.molli-bahn.de, die Strecke wird im Kapitel »Ausflüge & Touren« beschrieben).*

Kunsthalle

In dem Jugendstilbau von 1904 sind wechselnde Kunstausstellungen zu sehen. *Di–So 13–18 Uhr, Ostseeallee 48*

ESSEN & TRINKEN

Brunshöver Möhl

Eine Delikatesse in den drei Etagen der alten Mühle am Ortsrand ist das frische Lamm aus biologischer Zucht vom Heidehof Volkershagen. *Okt.–April Mo geschl., An der Mühle 3, Tel. 038293/937, €€*

Fischkiste

Wie der Name vermuten lässt: schmackhafte Fischgerichte in großer Auswahl. *Jan. und Nov. geschl., Dünenstr. 1 (Eingang Strandstr.), Tel. 038293/85 60, €€*

Röntgen

Elegantes Café, in dem »die hohe Schule der Konditorenkunst« Insider Tipp beherrscht wird, mit Dependancen in Kühlungsborn Ost *(Strandstr. 30 a)* und West *(Ostseeallee 45). Tgl.*

240 m weit ragt die Kühlungsborner Seebrücke ins Meer

ÜBERNACHTEN

Polar-Stern
Denkmalgeschütztes Jugendstilhaus an der Strandpromenade mit zeitgemäßem Komfort und dem gutem *Steakbistro Bülow. 23 Zi., Ostseeallee 24, Tel. 038293/82 90, Fax 829 99, www.polar-stern.com,* €€

Ringhotel Strandblick
Liebevoll restauriertes und modernisiertes Jugendstilhaus (1906) in idealer Lage (Sauna, Solarium, sonnige Gartenterrasse). *43 Zi., Ostseeallee 6, Tel. 038293/633, Fax 635 00, www.ringhotel-strandblick.de,* €€–€€€

Schloss am Meer
Kein Haus an der Ostseeküste Mecklenburg-Vorpommerns kann mit einer besseren Lage aufwarten. Das Hotel garni steht direkt in den Dünen. *27 Zi., Tannenstr. 8, Tel. 038293/853 00, Fax 72 26, www.schloss-am-meer.de,* €€

Zum Strandkorb
Hotel garni mit 20 Wohnungen und Zimmern. *Hermannstr. 11, Tel. 038293/83 40, Fax 834 99, www.zumstrandkorb.de,* €–€€

FREIZEIT & SPORT

Tennisspieler haben die Wahl zwischen sieben Plätzen *(Am Lindenpark)*. Im benachbarten Wittenbeck gibt es eine Golfanlage mit Neun-Loch-Platz und Drivingrange. In der Hermannstraße ein Mini-Erlebnispark mit Minigolf, Basketball, Tischtennis und Inlineskating, neu ist der Yachthafen. Beliebter Treffpunkt ist die Skateranlage in Kühlungsborn West am Ende der Waldstraße.

AUSKUNFT

Kurverwaltung
Ostseeallee 19, 18225 Ostseebad Kühlungsborn, Tel. 038293/84 90, Fax 84930, www.kuehlungsborn.de

RERIK

[108 A3] Malerisch zwischen Ostseeküste und Salzhaff liegt das ehemalige Fischerdorf Alt Gaarz, das 1938 zur Stadt erhoben wurde und den Namen Rerik (2000 Ew.) bekam. Das Familienbad wartet mit abwechslungsreicher Flach- und Steilküste, Sand- und Naturstrand am Salzhaff sowie mit Wald und Feldern in der Umgebung auf. Die 170 m lange und nur 2,5 m breite Seebrücke entstand 1991/92. Vom Aussichtspunkt Schmiedeberg haben Sie einen besonders schönen Blick, auch auf die Halbinsel Wustrow, die bis 1994 Militärgelände war und auf der ein Ferienzentrum entstehen soll.

SEHENSWERTES

Pfarrkirche St. Johannes
Eine der schönsten frühgotischen Landkirchen an der mecklenburgischen Ostseeküste. Überaus sehenswert ist die barocke Ausmalung (1668) des Meisters Hinrich Greve aus Wismar.

ESSEN & TRINKEN

Zur Linde
Auf der Speisekarte steht, was Bodden und Ostsee, Wald und Flur der Küste bieten. *Tgl., Leuchtturmstr. 7, Tel. 038296/791 00, €–€€*

ÜBERNACHTEN

Am Alt-Gaarzer Eck
Kleines Hotel am Ortseingang. *22 Zi., Kröpeliner Str. 8, Tel. 038296/71 60, Fax 716 66, www.hotel-rerik.de, €–€€*

Ferienapartments Am Salzhaff
32 gut ausgestattete Ferienapartments für zwei bis sechs Personen; Schwimmbad. *Liskowstr. 2, Tel. 038296/73 90, Fax 739 11, www.urlaubstip.de/salzhaff, €€*

Ostseeresidenz Hotel Gendarm
Hotel garni mit 18 großzügigen Apartments (2–5 Pers.), ca. 4 km vor Rerik. Ideal für Familien; Sauna. *Hauptstr. 5, 18230 Wischuer, Tel. 038294/70 00, Fax 700 94, www.ostseeresidenz.de, €€*

AUSKUNFT

Kurverwaltung
Dünenstr. 7, 18230 Ostseebad Rerik, Tel. 038296/784 29, Fax 785 13, www.rerik.de

ROSTOCK/ WARNEMÜNDE

Karte im hinteren Umschlag

[109 D–E 2–3] Wer vor der wuchtigen Marienkirche steht oder gar im Inneren die Kunstschätze betrachtet, kann den früheren Reichtum der Hansestadt erahnen. Der Spaziergang vom Neuen Markt durch die Fußgängern vorbehaltene Kröpeliner Straße zum Universitätsplatz führt an geschichtsträchtigen Häusern der Werft- und Hafenstadt vorbei. Durch den 1957 begonnenen Bau des Seehafens bekam Rostock (200 000 Ew.) Anschluss an die internationale Schifffahrt.

1323 hat Rostocks Rat dem Fürsten von Mecklenburg das Fischerdorf Warnemünde abgekauft, so erhielt die Stadt einen eigenen

Badeort. Durch die Trabantenstädte Lütten Klein und Evershagen ist Warnemünde aber längst an das Stadtzentrum angebunden. Die S-Bahn bringt die Pflastermüden vom Rostocker Zentrum in nur 25 Minuten fast bis zum Strand. Erlebnisreicher ist allerdings die Fahrt von Rostock nach Warnemünde mit dem Schiff. Insider Tipp

Wer gesehen werden möchte, promeniert in Warnemünde am Alten Strom mit seinen typischen Glasverandahäuschen entlang. Über dem Wasser hängt ständig der Duft von frisch Geräuchertem, denn mancher Kutter wurde zur Räucherei umgerüstet.

SEHENSWERTES

Alter Strom

★ An der ehemaligen Warnemünder Hafeneinfahrt beginnen Rundfahrten durch den Überseehafen und Hochseefahrten, dort verkaufen Fischer frischen Fisch vom Kutter. Die einstigen Fischerhäuschen mit ihren typischen Vorbauten beherbergen Cafés, Kneipen und Geschäfte.

Ausstellung Reinhold Kasten

Mehr als 8000 völkerkundliche Gegenstände sind in der Ausstellung »Reinhold Kasten, der letzte große Abenteurer des 20. Jahrhunderts« zu sehen. Der ehemalige Lübecker Kapitän, der vier Schiffsuntergänge überlebte, hat sie in Jahrzehnten auf seinen Reisen zusammengetragen. *Seepromenade 1 (im Teepott in Warnemünde), tgl. 10–18 Uhr*

Marienkirche

★ Die Bauarbeiten an Rostocks monumentalster Kirche dauerten 400 Jahre. Im Inneren tickt hinter dem kunstvollen Rochusaltar eine astronomische Uhr von 1472, deren Kalendarium bis zum Jahr 2017 reicht. Wochentags läuft beim 12-Uhr-Schlag der Apostelumgang ab, Insi Tip zu jeder vollen Stunde erklingt ein Glockenspiel. Die fast 3 m hohe Bronzetaufe von 1290 gilt als bedeutendste im Ostseegebiet *(www.marienkirche-rostock.de)*. Wer von einem Kirchturm (117 m) auf Rostock blicken möchte, sollte zur *Petrikirche* am Alten Markt gehen *(www.petrikirche-rostock.de)*.

Neuer Markt

Beherrschendes Gebäude auf dem Platz ist das 700 Jahre alte *Rathaus*. Ein barocker Vorbau von 1727 verdeckt jedoch die gotische Fassade, nur noch sieben Türme sind zu sehen. Rechts hinter dem Rathaus steht das *Kerkhofhaus*, eines der bedeutenden und frühen Giebelhäuser in Mecklenburg-Vorpommern.

Seehafen

Rundfahrten durch den Seehafen beginnen in Rostock Am Kapuzenhof und in Warnemünde am Alten Strom. Beliebt bei Landratten ist ein Minitrip mit einem modernen Fährschiff über die Ostsee ins dänische Insi Tip Gedser oder nach Trelleborg in Südschweden *(Scandlines: Tel. 01805/72 26 35 46 37, www.scandlines.de; TT-Line: Tel. 0381/67 07 90, www.ttline.com)*.

Universitätsplatz

Der dreieckige Platz bekam seinen Namen vom schön renovierten Universitätshauptgebäude. Im Palais wohnte die Schweriner Herzogsfamilie während ihrer Rostockbesuche. Vom Fünf-Giebel-Haus erklingen Melodien eines Glockenspiels. Zwischen den einzelnen plastischen Gruppen des beckenlosen *Brunnens der Lebensfreude* kann man hindurchlaufen.

Warnemünder Leuchtturm
Der 37 m hohe Leuchtturm steht seit fast hundert Jahren nahe der Hafeneinfahrt. Von der Aussichtsterrasse haben Sie einen weiten Blick. *Mai–Sept. tgl. 10–19 Uhr*

MUSEEN

Kulturhistorisches Museum
Im Kloster zum Heiligen Kreuz sind u. a. Werke holländischer Maler und eine Ausstellung zur Stadtgeschichte zu sehen. *Di–So 10–18 Uhr, Klosterhof*

Kunsthalle
Zeitgenössische Kunst aus den Ländern des Ostseeraums. *Di–So 10–18 Uhr, Hamburger Str. 40*

Museum Warnemünde
Ausstellung zur Lebensweise der Fischer und Seeleute in einem Haus von 1762. *Di–So 10–18 Uhr, Alexandrinenstr. 31*

Schiffbau- und Schifffahrtsmuseum
Zwölf Jahre lang fuhr der 10 000-t-Frachter unter dem Namen »Dresden« mit der DDR-Flagge am Heck über die Weltmeere, heute beherbergt es als Traditionsschiff das Schiffbau- und Schifffahrtsmuseum. *Mai–Sept. Di–So 10–18, Okt.–April 11–17 Uhr, am Ufer des Breitling im Stadtteil Schmarl*

ESSEN & TRINKEN

Amberg 13
Frische feine mediterran inspirierte Küche. Die Speisekarte lässt es erkennen: Steffen Bölte und Dirk Böttcher haben während ihrer Fahrenszeit auf Kreuzfahrtschiffen die

Segler aus vielen Ländern treffen sich im Juli zur Warnemünder Woche

Küche vieler Länder kennen gelernt. *Mo geschl., Di–So nur abends, Amberg 13 (in Rostock), Tel. 0381/490 62 62, www.altstadtrestaurant.de,* €€

Insider Tipp
Atlantic II Ristorante
Franco Bertoldi hat das italienische Restaurant mit seiner Kochkunst und Kreativität zu einem der fünf besten von Mecklenburg-Vorpommern gemacht. *Mo–Sa nur abends, Am Strom 107–108 (in Warnemünde), Tel. 0381/526 55,* €€€

Meyers Mühle
Restaurant, Schänke und Café im Gemäuer einer 1866 erbauten Mühle. Täglich frischer Fisch vom Kutter. *Tgl., Mühlenstr. 44 (in Warnemünde), Tel. 0381/542 50,* €€

Zur Kogge
★ Rostocks älteste Seemannskneipe ist zwar längst kein Geheimtipp mehr, aber immer noch urgemütlich. Freitags und samstags werden Shantys auf dem Schifferklavier gespielt. *Tgl., Wokrenter Str. 27 (in Rostock), Tel. 0381/493 44 93,* €– €€

EINKAUFEN

Die *Kröpeliner Straße*, die *Steinstraße* und die *Lange Straße* sind Rostocks Einkaufsstraßen. Am Rand des Universitätsplatzes versteckt sich hinter dem Neorenaissancehaus Nr. 26 die *Galerie Rostocker Hof* mit mehr als 40 Geschäften und Restaurants unter einer großen Glaskuppel. Durch das Haus Kröpeliner Straße 19 erreicht man den *Hopfenmarkt*. In Warnemünde gibt es viele Läden und Boutiquen am *Alten Strom*.

ÜBERNACHTEN

Jugendgästeschiff
Das 10 000-t-Frachtschiff »Georg Büchner« wurde zur schwimmenden Jugendherberge umgebaut. 50 Betten in Ein- bis Sechsbettkojen. *Am Stadthafen (in Rostock), Tel. 0381/670 03 20, Fax 670 03 21, www.djh-mv.de,* €

Katy
Familiengeführte Pension mit dem gemütlichen Restaurant *Knurrhahn. 12 Zi., Kurhausstr. 9 (in Warnemünde), Tel. 0381/54 39 40, Fax 543 94 41,* €

Die kleine Sonne
Hotel garni. Kleine, aber gut ausgestattete 48 Zimmer in munteren Farben. *Steinstr. 7 (in Rostock), Tel. 03891/461 20, Fax 46 12 12 34, www.die-kleine-sonne.de,* €€

Steigenberger Hotel Sonne
124 Zimmer und Suiten mit Designermöbeln. *Neuer Markt 2 (in Rostock), Tel. 0381/497 30, Fax 497 33 51, www.rostock.steigenberger.de,* €€€

Strand-Hotel Hübner
First-Class-Hotel in herrlicher Lage an der Strandpromenade, höchster Wohnkomfort sowie eine Wellnessoase unter der Glaskuppel auf dem Dach. *Seestr. 12 (in Warnemünde), Tel. 0381/543 40, Fax 543 44 44, www.hotel-huebner.de,* €€€

FREIZEIT & SPORT

Einen Bootsverleih gibt es in Warnemünde am *Alten Strom* bei der Drehbrücke, in der Nähe starten auch Fischerboote zum Hochseean-

Nichts trennt den »Brunnen der Lebensfreude« von den Passanten

geln und legen Fahrgastschiffe zu Rundfahrten ab. Im FC Hansa-Fan-Shop *(Breite Str. 12–15)* sind Karten für Heimspiele und Fanartikel des Fußballclubs zu haben.

AM ABEND

Das *M.A.U. (im Stadthafen, gegenüber dem Jugendgästeschiff, www.mauclub.de)* gehört zu den angesagtesten Liveclubs an der Ostseeküste, regelmäßig Konzerte, Disko, Theater. Im Studentenkeller *(Universitätsplatz, So, Mo geschl., www.studentenkeller.de)* kocht ab Mitternacht die Stimmung. Unter mehr als 200 Drinks wählen die jungen Gäste im *Wicki Wacki Woo II (Fritz-Reuter-Str. 39, tgl., www.wickiwackiwoo.de)*. Das *Rostocker Theater* hat mehrere Spielstätten in der Stadt *(Vorverkauf Doberaner Str. 134, Tel. 0381/381 47 00, www.volkstheater-rostock.de)*.

AUSKUNFT

Rostock Information
Neuer Markt 3, 18055 Rostock, Tel. 0381/381 22 22, Fax 381 26 01, www.rostock.de

Touristinformation Warnemünde
Am Strom 59, 18119 Rostock-Warnemünde, Tel. 0381/548 00 10, Fax 548 00 30, www.warnemünde.de

ZIEL IN DER UMGEBUNG

Göldenitz **[109 E–F4]**
Im *Modell- und Landschaftspark SehLand* werden die schönsten Bauwerke Mecklenburg-Vorpommerns im Miniaturformat gezeigt, u. a. der Schinkelturm Kap Arkona *(Okt.–Mai tgl. 10–17, Juni–Sept. 10–18 Uhr, www.sehland-mv.de)*. Das *Landschulmuseum Göldenitz* gibt Einblick in das Schulleben vor hundert Jahren (s. Kapitel »Mit Kindern reisen«). *10 km*

ENDE
DES
BEWACHTEN
BADESTRANDES

Halbinselkette mit Natur pur

Weite Sandstrände, urige Wälder, stille Dörfer und Zehntausende von Kranichen im Frühjahr und Herbst

Zwischen den beiden Hansestädten Rostock und Stralsund schiebt sich die Halbinselkette Fischland, Darß, Zingst ins Meer – eine bezaubernde, stille Küsten- und Boddenlandschaft mit weißen Sandstränden und dem urwüchsigen Darßwald, der zum Nationalpark Vorpommersche Boddenlandschaft gehört. Es ist ein Landstrich, der sich Beschaulichkeit bewahrt hat. Das haben auch zahlreiche Vogelarten festgestellt, darunter die langhalsigen Kraniche, die die Halbinsel Zingst und die angrenzenden Regionen zum größten Kranichrastplatz Europas machten. Bis zu 40 000 dieser großen Vögel bescheren den Gästen hier jedes Frühjahr und jeden Herbst ein einzigartiges Naturschauspiel.

Jeder Teil der Halbinselkette, die an manchen Stellen nur 200 m breit ist, besitzt ein anderes Gesicht. Auch die Orte, darunter die Städte Ribnitz-Damgarten und Barth als Eingangstore, haben ihr unverwechselbares Profil.

Ahrenshoop ist nach wie vor der Künstlerort, so sieht der *Kunstkaten* auch in unseren Tagen noch seine wichtigste Aufgabe in Begegnungen der Künstler mit ihrem Publikum. Born und Wieck sind die stillen Dörfer am Haff geblieben, Prerow das ländliche Idyll an der Ostsee. Dierhagen, Wustrow und Zingst wenden ihre dörfliche Seite mit Erinnerungen an die große Zeit der Segelschifffahrt und Fischerei dem Bodden zu, das Badeleben spielt sich am Ostseestrand ab.

In einem der bekanntesten an der Ostsee gesungenen Lieder heißt es: »Wo de Ostseewellen trecken an den Strand, … dor is mine Heimat, dor bün ick to Hus.« Der Schauplatz in dem Lied wird oft verändert, doch gewidmet ist es dieser Region, denn die Heimat der Autorin Martha Müller-Grählert ist die Halbinsel Zingst.

Bei den Gästen besonders beliebt: der feine Sandstrand in Ahrenshoop

AHRENSHOOP

[110 A2] Das Ostseebad (800 Ew.) hat eine lange Tradition als Künstlerkolonie. Ende des 19. Jhs. kamen erstmals Maler ins abgeschiedene Ahrenshoop. Manche blieben nur einen Sommer, andere auf Dauer. Bis heute ist der Ort bevorzugtes Domizil von Künstlern geblieben. In der *Strandhalle*, im *Haus Elisa-*

Bis zu 18 m ragt das Steilufer bei Ahrenshoop auf

beth von Eicken sowie im *Dünenhaus* erfreuen wechselnde Kunstausstellungen die Besucher.

In den beiden Ortsteilen Althagen und Niehagen herrscht eine ländliche Atmosphäre, sie haben ihren Charakter als Bauern- und Fischerdorf bewahrt. Beeindruckend ist das bis zu 18 m aufragende Insider Tipp Steilufer am südlichen Ortsende. Von dieser Stelle eröffnet sich ein weiter Ausblick auf den feinen Sandstrand und auf die Ostsee.

SEHENSWERTES

Kunstkaten
In dem traditionsreichen, seit 1909 bestehenden Haus, der Galerie der Gemeinde Ahrenshoop, stellen regionale Künstler ihre Arbeiten vor. Außerdem Kunstauktionen, Konzerte (Klassik, Jazz) und Lesungen. *Strandweg 1, Tel. 038220/803 08, www.kunstkaten.de*

Neues Kunsthaus Ahrenshoop
Wechselausstellungen zeitgenössischer Kunst, Lesungen, Konzerte; Skulpturengarten. *Bernhard-Seitz-Weg 3 a, Tel. 038220/807 26, www.neues-kunsthaus-ahrenshoop.de*

ESSEN & TRINKEN

Café Namenlos
Schick! Von der Terrasse Blick auf Düne und Meer. In der Saison stellen Maler aus der Ahrenshooper Künstlerkolonie aus. *Tgl., Schifferberg 2, Tel. 038220/60 60,* €€

Räucherhaus Schönthier Insider Tipp
Fisch fangfrisch oder aus der hauseigenen Räucherei. *Im Winterhalbjahr Mi geschl., Hafen Althagen, Tel. 038220/69 46,* €€

Zur Robbe
Etwa 40 verschiedene Fischgerichte. In der dazugehörigen Wein-

handlung stehen 350 Weine zur Auswahl, darunter bis zu 50 Sorten aus den ostdeutschen Regionen Saale-Unstrut und Meißen. *Tgl., Dorfstr. 39, Tel. 038220/801 36,* **€–€€**

EINKAUFEN

Das traditionsreichste Geschäft der Halbinselkette ist die *Bunte Stube (Dorfstr. 24)*. Angeboten werden Bücher und Kunsthandwerk, außerdem finden regelmäßig Ausstellungen von Kunsthandwerkern statt. Die Tradition der Fischlandkeramik setzen mehrere Künstler fort; die Werkstätten sind täglich geöffnet bei *Friedemann Löber (Bernhard-Seitz-Weg 1), Regine Wellmer (Dorfstr. 43b), Katharina und Johann Klünder (Fulge 3), Lisa Konow (Töpferweg 2)*.

ÜBERNACHTEN

sider pp

Elisabeth von Eicken

Sechs Künstler haben die sechs Zimmer in der Jugendstilvilla individuell gestaltet. Liebenswertes Haus mit guter Küche, Galerie und Skulpturengarten. *Dorfstr. 39, Tel. 038220/69 90, Fax 699 29, www.elisabeth-von-eicken.de,* **€€**

Der Fischländer

Familiengeführtes Haus, nur durch die Straße vom Strand getrennt mit 32 im komfortablen Landhausstil eingerichteten Zimmern. *Dorfstr. 47 e, Tel. 038220/69 50, Fax 695 55, www.hotelderfischlaender.de,* **€€–€€€**

Im Hotel befindet sich die Cocktailbar *Tute*, der angesagteste Party- und Szenetreff der Halbinsel *(tgl. ab 21 Uhr)*.

Möwe

Zwei rohrgedeckte Häuser auf einem Dünenrücken. *24 Zi., Schifferberg 16–17, Tel. 038220/60 80, Fax 806 16, www.strandhotel-moewe.de,* **€€**

FREIZEIT & SPORT

Zu den regionalen Besonderheiten gehört die Freizügigkeit am Strand. Traditionell sind in Ahrenshoop und am Weststrand des Darßes die Grenzen zwischen Textil- und FKK-Strand

MARCO POLO Highlights »Fischland, Darß, Zingst«

★ **Darßer Arche**
Erlebnisausstellung im Nationalparkzentrum in Wiek (Seite 54)

★ **Freilichtmuseum Klockenhagen**
Bäuerliches Leben vor 200 Jahren (Seite 56)

★ **Bernsteinschaumanufaktur**
In Ribnitz-Damgarten: Schmuckherstellern über die Schulter schauen (Seite 55)

★ **Darßer Ort**
Vom Leuchtturm sehen, wie der Darß wächst – 10 m pro Jahr (Seite 52)

fließend. Im Ortsteils Althagen starten dickbäuchige Zeesenboote zu Boddenrundfahrten, auch in Prerow und Wustrow legen sie ab.

Insider Tipp

AUSKUNFT

Kurverwaltung
Kirchnersgang 2, 18347 Ostseebad Ahrenshoop, Tel. 038220/234, Fax 300, www.ostseebad-ahrenshoop.de

BARTH

[110 C2] Das sympathische Städtchen (9800 Ew.) ist das östliche Tor zur Halbinselkette Fischland, Darß, Zingst. Vom Marktplatz geht die schmale Einkaufsstraße ab, eine andere führt zum Hafen. Das Dammtor ist das letzte der einst vier Stadttore, der 12 m hohe Fangelturm ein Wehrbau aus dem 14. Jh., als Barth Residenzstadt der rügischen bzw. pommerschen Herzöge wurde. Deren Schloss wurde im Dreißigjährigen Krieg zerstört. 1998 stellten Berliner Historiker die These auf, die legendäre und einst größte Ostseesiedlung Vineta habe im Barther Bodden gelegen. Barth ließ sich daraufhin den Namen Vineta als Markenzeichen schützen und wirbt heute damit. Die jährlichen Vineta-Festtage im August sind ein viel besuchtes Theaterspektakel.

SEHENSWERTES

Marienkirche
In der stattlichen dreischiffigen Hallenkirche beeindruckt die von Friedrich August Stüler stammende neogotische Innenraumgestaltung. Einen schönen Blick über Stadt und Land verschaffen Sie sich, wenn Sie auf den 87 m hohen Turm steigen.

MUSEUM

Vineta-Museum
Das Museum versucht die These zu erhärten, die legendäre, angeblich vom Meer verschlungene Stadt Vineta habe sich bei Barth befunden. Besucher mit Vollbart und mit dem Nachnamen Barth haben freien Eintritt. *Di–Sa 10–12 und 13–17, So 14–17 Uhr, Lange Str. 16*

Insider Tipp

ESSEN & TRINKEN

Hotelrestaurant Alter Speicher
Frische regionale und internationale Küche. Angenehm sitzt es sich im Wintergarten mit schönem Blick aufs Wasser. *Tgl., Am Osthafen, Tel. 038231/633 00, €€–€€€*

ÜBERNACHTEN

Jugendherberge
Die einzige Jugendherberge Deutschlands mit eigenem Reiterhof. *155 Betten im Haupthaus und in sechs Bungalows, Donnerberg, Tel. 038231/28 43, Fax 20 90, www.djh-mv.de, €*

Insider Tipp

Pommernhotel Barth
Abseits vom touristischen Rummel sorgt das Ehepaar Splettstößer für einen angenehmen Aufenthalt. *31 Zi., Divitzer Weg 2, Tel. 038231/455 80, Fax 455 82 22, www.pommernhotel.de, €€*

Ringhotel Speicher
Der alte Getreidespeicher ist nicht wieder zu erkennen. Es entstanden 31 großzügige Apartments und 12 Suiten, teilweise mit Sauna und

Whirlpool. *Am Osthafen, Tel. 038231/633 00, Fax 634 00, www.speicher-barth.de,* €€–€€€

AUSKUNFT

Barth-Information
Lange Str. 16, 18356 Barth, Tel./Fax 038231/24 64, www.stadt-barth.de

DIERHAGEN

[109 F1] Der westlichste Ort der Halbinselkette liegt zwischen Ostsee und Bodden. Von den fünf Ortsteilen wenden sich Dierhagen-Strand, Dierhagen-Ost und Neuhaus der Ostsee, Dierhagen-Dorf und Dändorf mit ehemaligen Kapitänshäusern und Bauernhöfen dem Saaler Bodden zu. Das familienfreundliche Ostseebad (1600 Ew.) ist umgeben von Wiesen und Waldgebieten und bietet Ruhe und Entspannung.

ESSEN & TRINKEN

Pfannkuchenhaus
Von herzhaft bis süß – Eierkuchen in allen Geschmacksvarianten. *Tgl., Waldstr. 4, Tel. 038226/804 64,* €

Tau'n Dörpkraug
Das sehr preiswerte Angebot richtet sich nach dem der Fischer. *Mo geschl., Kirchstr. 8 (Dierhagen-Dorf), Tel. 038226/235,* €

ÜBERNACHTEN

Blinkfüer
Nur 200 m vom Strand entfernt, Freizeitbereich mit Sauna, Whirlpool, Fitnessraum. Für mehrere Personen bzw. Familien interessant: die fünf zweigeschossigen Maisonetteapartments für bis zu fünf Personen. Delikate Küche; der Wintergarten ist Nichtraucherbereich. *28 Zi., An der Schwedenschanze 20 (Dierhagen-Ost), Tel. 038226/803 84, Fax 803 92, www.hotel-blinkfueer.m-vp.de,* €€

Strandhotel Fischland
Alleinlage direkt am Strand mit zahlreichen Freizeiteinrichtungen (Tennisplätze, Schwimmbad, Saunen). 53 Zimmer und 56 Wohnungen. *Ernst-Moritz-Arndt-Str. 6 (Dierhagen-Strand), Tel. 038226/520, Fax 529 99, www.strandhotel-fischland.de,* €€€

FREIZEIT & SPORT

Am *Hotel Blinkfüer* gibt es einen Minigolfplatz, das *Hotel Fischland* bietet ein Schwimmbad, eine Sporthalle mit Tennisplatz und zwei Tennisplätze im Freien, die auch von Nichthotelgästen genutzt werden können.

AUSKUNFT

Kurverwaltung
Ernst-Moritz-Arndt-Str. (im Haus des Gastes), 18347 Ostseebad Dierhagen, Tel. 038226/201, Fax 804 66, www.ostseebad-dierhagen.m-vp.de

PREROW

[110 B1] »Ostseebad im Grünen« wird Prerow (1800 Ew.) mit seinem feinsandigen Strand oft genannt. Der Ort liegt an der Nordseite der Halbinsel Darß. Auf einer

Eine typische Haustür in Prerow

395 m langen Seebrücke können Sie über den Wellen wandeln. Hochhäuser gibt es nicht, stattdessen einstöckige rohrgedeckte Häuser inmitten blumenreicher Gärten.

Rund 50 km lange ausgeschilderte Wanderwege führen auch in bzw. durch den Nationalpark Vorpommersche Boddenlandschaft. Schön ist der Blick auf die Ostsee und den Bodden von der Hohen Düne (16,5 m) westlich der Straße nach Zingst.

SEHENSWERTES

Darßer Ort

★ Jeden Tag wird hier ein Stück Deutsch-Land geboren. Denn der Darß wächst durch angelandeten Sand jährlich bis zu 10 m nach Nordosten. Das Naturschauspiel lässt sich am besten vom 35 m hohen, 1848 erbauten *Leuchtturm* betrachten, der mit einem Naturkundlichen Ausstellungszentrum zum *Natureum Darßer Ort* gehört. Der nördlichste Zipfel der Halbinsel ist auf Waldwegen nur per Fahrrad zu Fuß oder von dem 4,5 km entfernten Prerow per Pferdekutsche zu erreichen. Vor dem Rückweg kann man sich im kleinen Café am Leuchtturm stärken. *Mai–Okt. tgl. 10–18, Nov.–April Mi–So 11–16 Uhr*

MUSEUM

Darß-Museum

Ausstellung über die Lebensweise der Darß-Bewohner. *Mai–Okt. tgl. 10–17, Nov.–April Mi–So 13–16 Uhr, Waldstr. 48*

ESSEN & TRINKEN

Am Hafen

Ein Haus mit maritimem Flair. Für die urige Kapitänskajüte empfiehlt sich eine Reservierung. *Tgl., Lange Str. 2, Tel. 038233/328,* €– €€

Seeblick

Im Fischrestaurant im Obergeschoss genießen die Gäste nicht nur das gute Essen, sondern auch den phantastischen Blick aufs Meer.

Tgl., im Winter einige Wochen geschl., links direkt an der Seebrücke, Tel. 038233/348, €€

Teeschale
Darßer Gemütlichkeit bei Tee, Kaffee und selbst gebackenem Kuchen im rohrgedeckten Haus. An warmen Tagen wird im Garten serviert. Im dazugehörenden Laden machen 130 Teesorten, Leckereien und zahlreiche lokale Mitbringsel die Auswahl nicht leicht. *Nov.–März Mo geschl., Waldstr. 50, Tel. 038233/608 45*

Titania
Michael Jahncke gehört zu den besten Köchen des Bundeslandes, sein 3-Gang-Menü ist ein Erlebnis (u. a. Wild aus dem DarßWald, fangfrischer Fisch). *Tgl., Bernsteinweg 4 (im Hotel Waldschlösschen), Tel. 038233/61 70, www.waldschloesschen-prerow.de, €€€*

ÜBERNACHTEN

Haus hinter den Dünen
80 Apartments und Ferienhäuser in einer naturbelassenen Anlage unmittelbar am Strand (Spielplatz, Minigolf, Sauna, Solarium). *Bernsteinweg 6, Tel. 038233/ 70 60, Fax 70 61 01, www.haus-hinter-den-duenen.de, €–€€*

Hotel Waldschlösschen
Strandnah, ruhig. Schwimmbad mit Gegenstromanlage, vorzügliche Küche. *29 Zi., Bernsteinweg 4, Tel. 038233/61 70, Fax 403, www.waldschloesschen-prerow.de, €€€*

Regenbogen Camp Prerow
Wer gern einmal im Wohnwagen Quartier nehmen möchte, hier gibt es welche zum Mieten. Auch Mietzelte mit Kochgelegenheit, Kühlschrank und Geschirr sind vorhanden. Prerow ist der einzige

Die Sonne lächelt immer

Die bunten Haustüren in Prerow

Die geschnitzten, bunten Türen an den kleinen Häusern deuten auf die Geschichte des Ortes hin: Bis zum Niedergang der Segelschifffahrt um 1880 war Prerow ein Seefahrerdorf. Die aufgehende Sonne symbolisierte den Wunsch der Seeleute nach glücklicher Heimkehr. Grün wurden meist die Schiffe gestrichen, und was an Farbe übrig blieb, verwendete man für die Haustür. Hartnäckig hält sich die Legende, die Seeleute hätten die Türen auf den Segelschiffen geschnitzt und bemalt, um sich damit die Zeit auf den Reisen zu vertreiben. Aber es wird wohl so gewesen sein: Die Seefahrerfamilien wollten ihre Wohlhabenheit in der Blütezeit der Segelschifffahrt auf der Ostsee Ende des 18. bis Mitte des 19. Jhs. zeigen. Und deshalb ließen sie sich von Tischlern solche aufwändigen Hauseingänge gestalten. Wer heute in Prerow etwas auf sich hält (und das notwendige Kleingeld hat) lässt sich wieder solche Haustüren anfertigen.

Campingplatz an der Ostseeküste, auf dem offiziell das Zelt in den Dünen stehen darf. *Ganzjährig geöffnet, Tel. 038233/331, Fax 693 51, www.regenbogen-camp.de*

FREIZEIT & SPORT

Insider Tipp Der urwüchsige Weststrand kann nur zu Fuß oder mit dem Fahrrad erreicht werden. Bootsverleih, Tretboote, Schiffsausflüge, Surfkurse und Tennis gehören zu den Freizeitangeboten. Amerikanisches Flair des 19. Jhs. verspricht die Fahrt mit dem River Star, einem originalgetreuen Insider Tipp nachgebauten Mississippi-Schaufelraddampfer *(Tel. 038234/239, www.reederei-poschke.de)*. Er läuft täglich zu Boddenrundfahrten aus.

AUSKUNFT

Kurverwaltung
Gemeindeplatz 1, 18375 Ostseebad Prerow, Tel. 038233/61 00, Fax 610 20, www.ostseebad-prerow.de

ZIELE IN DER UMGEBUNG

Born **[110 B2]**
Insider Tipp Das *Sommertheater*, eine Kleinkunstbühne in dem Boddendorf, fasst nur 50 Personen, deshalb rechtzeitig reservieren *(Juli und Aug. tgl., Chausseestr. 75, Tel. 038234/504 21)*. Buddelschiffe in großer Auswahl und andere maritime Souvenirs finden Sie bei *Konow (Chausseestr. 46)*.

Am Nachmittag geht es in das *Café TonArt (April–Okt. Di–So, Chausseestr. 58)*. Mittags und abends können Sie wunderbar im *Walfischhaus* speisen, in dem die mit Blattspinat gefüllten Schollenfiletröllchen besonders zu empfehlen sind. *Mi. geschl., Chausseestr. 74, Tel. 038234/557 85, www.walfischhaus.de,* **€–€€**, *8 km*

Darßer Urwald **[110 A–B 1–2]**
Das urwüchsige Waldgebiet wird auf mehreren Wegen durchquert. Lianen, Waldgeißblatt und Efeu wuchern auf Grund der hohen Luftfeuchtigkeit so üppig wie in subtropischen Urwäldern. Das Farnkraut erreicht teilweise Höhen von über 3 m. Mit seinen vielen Wasserlöchern ist der Wald jedoch ein Mückenparadies.

Der Darßer Wald gehört zum Nationalpark Vorpommersche Boddenlandschaft. Informationen über Führungen und Wanderungen erhalten Sie im *Nationalparkamt Forsthaus Born (18375 Born, Tel. 038234/50 20, www.nationalpark-vorpommersche-boddenlandschaft.de). 1 km*

Wieck **[110 B2]**
Eine vielseitige Reise durch die Boddenlandschaft Vorpommerns erlebt der Gast im modernen Nationalparkzentrum ★ *Darßer Arche.* Der Neubau in Form eines aufgedockten Schiffes steht im Dorf Wieck am Bodstedter Bodden. In den 400 m² großen Ausstellungsraum gelangen die Besucher, begleitet von Vogelgezwitscher, über Feuersteine und eine Dünenlandschaft. Wer keine Zeit hat, die Tiere in der Natur zu beobachten, der sieht sich den Film mit grandiosen Bildern Insider Tipp von Europas größtem Kranichrastplatz an *(April–Okt. tgl. 10–18, Nov.–März Mi–So 11–16 Uhr, Bliesenrader Weg 2, www.darsser-arche.de). 4 km*

RIBNITZ-DAMGARTEN

[110 A3–4] Die Doppelstadt mit 17 500 Einwohnern am Ribnitzer See gilt als westliches Tor zur Halbinselkette Fischland, Darß, Zingst. Jahrhundertelang bildete die Recknitz die Grenze zwischen dem mecklenburgischen Ribnitz und dem vorpommerschen Damgarten. An die große mittelalterliche Zeit von Ribnitz erinnern die *Marienkirche*, eine dreischiffige Backsteinhalle (13./14. Jh.), und das *Rostocker Tor*, ein spätgotischer Backsteinbau von 1430.

SEHENSWERTES

Bernsteinschaumanufaktur

★ Beim größten Schmuckproduzenten in den neuen Bundesländern können Sie zuschauen, wie das »Gold des Meeres« gesägt, geschliffen, poliert und verarbeitet wird, wie aus Gold und Silber wunderschöne Gegenstände entstehen. In der großen Verkaufsausstellung werden etwa 10 000 Schmuckstücke angeboten. *Mo–Fr 9.30–18, Sa 9.30–16 Uhr, Ortsteil Damgarten, Gewerbegebiet Ost (direkt an der B 105), www.ostseeschmuck.de*

MUSEUM

Deutsches Bernsteinmuseum

Das einzige Museum dieser Art in Deutschland informiert über die Natur-, Kunst- und Kulturgeschichte des Bernsteins.

In der kleinen Werkstatt können Sie einer Bernsteinschleiferin bei der Arbeit zuschauen. Für 5 Euro dürfen sich die Besucher ein Stückchen »Meeresgold« aussuchen und sich als Bernsteinschleifer versuchen. Insider Tipp Im Erdgeschoss gibt's ein kleines Café. *April–Okt. tgl. 9.30–18, Nov.–März Mi–So 9.30 bis 17 Uhr, Im Kloster 1–2, www.german-amber-museum.de*

ESSEN & TRINKEN

Fischhafen-Restaurant Meeresbüfett

Besonders lecker: Mit hausgeräuchertem Lachs gefülltes frisches Ostseebuttfilet, das mit Gurkengemüse und gebutterten Kräuterkartoffeln serviert wird. *Tgl., Am See 40, Tel. 03821/81 57 94,* €€

Hafenschenke

Direkt am Boddenufer, von der hellen Veranda Blick aufs Wasser. *Mo geschl., Am See 1 a, Tel. 03821/89 48 30,* €€

ÜBERNACHTEN

Boddenblick

Kleine einfache Hotelpension zwischen Marktplatz und Boddenufer. *4 Zi., Grüne Str. 9, Tel. 03821/81 26 61,* €

AM ABEND

Besonders stimmungsvoll sind in den Sommermonaten die Konzerte im Chorsaal des ehemaligen *Klarissinnenklosters*. Wer's fetzig mag, besucht die Disko im *Sportpalast (www.sport-p.de, Damgartener Chaussee 42)*.

FREIZEIT & SPORT

Badevergnügen bietet die *Bodden-Therme (Körkwitzer Weg 15, www.bodden-therme.de, während der Ferien tgl. geöffnet, sonst Mo geschl.)*. Die *Golfanlage Neuhof* bei Ribnitz-Damgarten (südlich der B 105) kann vorerst mit einer Drivingrange und einem 9-Loch-Kurzplatz aufwarten. Zehn Wettkampfbahnen sind im *Bowlingcenter Leuchtfeuer* im Gewerbegebiet West (an der B 105) vorhanden.

AUSKUNFT

Stadtinformation

Am Markt 1 (im Rathaus), 18311 Ribnitz-Damgarten, Tel. 03821/22 01, Fax 89 47 50, www.ribnitz-damgarten.de

ZIEL IN DER UMGEBUNG

Freilichtmuseum Klockenhagen [109 F1]

★ Um ein 300 Jahre altes niederdeutsches Hallenhaus entstand ein Freilichtmuseum, das frühere Haus- und Gehöftformen in Mecklenburg vorstellt. Die Scheunen, Katen und eine Bockwindmühle standen einst in anderen Dörfern. Die schlichte Fachwerkkirche beispielsweise von 1790 bis 1978 in Dargelütz. Nachgebaut ist der Glockenstuhl, das Original steht in Zislow am Plauer See. Alle zwei Wochen *(Sa)* wird frisches Brot gebacken *(April–Okt. tgl. 9–17 Uhr, Mecklenburger Str. 57, Klockenhagen, Tel. 03821/27 75). 4 km*

WUSTROW

[110 A2] Rohrgedeckte Katen und freundliche Kapitänshäuser mit kleinen, bunten Vorgärten sind Zeugen der Vergangenheit als Fischer- und Seefahrerort. Jüngeren Datums ist die Seebrücke, die 240 m weit ins Meer ragt.

Ein toller Blick belohnt den Aufstieg zur Aussichtsgalerie der Kirche. Bis auf 18 m Höhe erhebt sich das bei Wustrow (1400 Ew.) beginnende Fischländer Kliff, an dem Wind, Frost und Regen nagen.

SEHENSWERTES

Kunstscheune Barnstorf

In einer rohrgedeckten, denkmalgeschützten Scheune sind in den Sommermonaten Kunstausstellungen zu sehen, meist mit Werken norddeutscher Künstler (Malerei, Plastik, Keramik). *Barnstorfer Weg, Hufe 4, Mitte Juni–Anfang Okt. tgl. 10–13 und 15–18 Uhr*

Skulpturenpark

Wer aus Richtung Osten kommt, entdeckt den Skulpturenpark mit dem symbolischen Namen »Tor in das Jahr 2000« ganz in der Nähe des Windrades. Die bildenden Künstler Inge Hundzinger, Jan Jastram und andere haben hier einige ihrer Werke im Freien aufgestellt.

ESSEN & TRINKEN

Küstenschoner Stinne Insider Tipp

Am Saaler Bodden hat der Küstenschoner »Stinne« seinen letzten Ankerplatz gefunden. Das Kajütenrestaurant bietet vor allem Fisch- und Wildgerichte. *Tgl., Am Kuhleger, Tel. 038220/336,* €€

Schifferwiege

Regionale Fischgerichte sowie Weine aus den ostdeutschen Anbaugebieten Saale-Unstrut und Meißen. *Tgl., Karl-Marx-Str. 30, Tel. 038220/803 36,* €–€€

ÜBERNACHTEN

Deutsches Haus
Kleines Hotel am Wustrower Hafen, ruhig. *25 Zi., Hafenstr. 5, Tel. 038220/69 70, Fax 697 10, www.hotel-deutsches-haus.m-vp.de,* €€

Dorint Strandhotel
Schmuckstück von Wustrow in exzellenter Lage am Ende der Strandstraße. Schwimmbad, Sauna, Solarium. *101 Zi. und Suiten, Strandstr. 44–46, Tel. 038220/650, Fax 651 00, www.dorint.de,* €€€

Hof Konow
Sechs Ferienwohnungen (2–6 Pers.) in einem typischen Rohrdachhaus mit Sauna, Solarium und eigenem kleinem Bootshafen am Saaler Bodden. *Im Ortsteil Barnstorf, Hufe II, Tel. 038220/60 30, Fax 603 28, www.hof-konow.de,* €€

FREIZEIT & SPORT

Schiffsausflüge vom Hafen am Saaler Bodden. Der Wellnessbereich im *Erholungszentrum Fischland* steht gegen Gebühr allen offen. Tennisplätze in Strandnähe. Zeesenbootfahrten: Fischländer Segelschule *(www.fischlaender-segelschule.de).*

AUSKUNFT

Kurverwaltung
Ernst-Thälmann-Str. 11, 18347 Wustrow, Tel. 038220/251, Fax 253, www.ostseebad-wustrow.de

ZINGST

[110 B1] Wiesen, Wald und Wasser, liebenswerte Hotels, gemütliche Restaurants, eine Seebrücke sowie ein vielseitiges Kulturangebot bietet Zingst. In dem mit 3200 Ew. größten Ort der Halbinselkette, der herrlich zwischen Ostsee und Bodden liegt, stehen mehr als 10 000 Betten für Gäste bereit. Im Gegensatz zu den anderen Ferienorten hat Zingst eine verlängerte Sommersaison, denn ab Mitte Sept. bis

Am Strand von Wustrow ist viel Platz, auch für ein Beachvolleyballspiel

Ende Okt. belegen Vogelfreunde, die zur Kranichbeobachtung kommen, die Hotels. Die Region bildet die Drehscheibe für den Kranichzug zwischen den Brutgebieten in Skandinavien, den baltischen Staaten sowie Russland und dem Hauptüberwinterungsgebiet Südspanien. Besonders spannend: Die Insider Tipp Kranichbeobachtung vom Schiff aus, Startpunkt ist der Hafen Zingst.

MUSEUM

Museumshof Zingst
Unter einem Dach: Das *Heimatmuseum Haus Morgensonne* (Informationen über die Geschichte der Seefahrt und die Lebenskultur der Seeleute), die *Schaumanufaktur Pommernstube* (Pflege traditioneller Handwerke mit tgl. Workshops) und die *Kulturscheune Lütt Pommernstuw* (Veranstaltungen, z. B. von Mai–Sept. die Saxophonistin Insider Tipp Tina Tandler, die Stücke von Jazz, Gospel, Blues bis zur Worldmusic präsentiert, *Infos unter Tel. 038232/155 61*). *Strandstr. 1 und 3, Mai–Sept. Mo–Sa 10–17, Okt.–April Mo–Sa 10–16 Uhr*

ESSEN & TRINKEN

Goldener Hirsch
Das einzige Wildrestaurant der Region bietet vom Hirschrücken bis zum Wildlachs vieles. *Tgl., nur abends, Barther Str. 1 a, Tel. 038232/894 20,* €€

Zingster Ostseeklause
Fisch in allen Variationen. Köstlich: die Fischplatte Ostseeklause mit Filets vom Steinbeißer, Heilbutt, Rotbarsch und Zander. *Mo geschl., Di–Do nur abends, Fr–So ganztägig, Seestr. 81 (am Strandübergang 15), Tel. 038232/152 43,* €€

ÜBERNACHTEN

Marks
Auf großem Waldgrundstück am Innendeich zum Bodden. *24 Zi., Jordanstr. 7, Tel. 038232/161 40, Fax 161 44, www.hotel-marks.de,* €€

Meerlust
Wellnesshotel mit 31 gemütlich eingerichteten Zimmern und 13 Ferienwohnungen. *Seestr. 72, Tel. 038232/88 50, Fax 885 99, www.hotelmeerlust.de,* €€

Schlösschen Sundische Wiese
Das »Schlösschen« ist eine Adresse für Naturfreaks und für alle, die es ruhig lieben. Apartmenthotel in einsamer, verträumter Lage am Eingang zum Nationalpark Vorpommersche Boddenlandschaft. *15 Zi., Tel. 038232/81 80, Fax 818 38, www.hotelschloesschen.de,* €€

Seebrücke
Der Hotelname gibt die ideale Lage bereits an. *35 Zi., Seestr. 3, Tel. 038232/840, Fax 157 87, www.entdeckemv.de,* €€–€€€

Steigenberger Aparthotel Zingst
Angeboten werden einerseits der komplette Hotelservice, andererseits typische Ferienwohnungen (104 Apartments) für Selbstversorger. *Seestr., Tel. 038232/850, Fax 859 99, www.zingst.steigenberger.de,* €€€

Wellness Camp Düne 6
Auf dem »Campingplatz der Luxusklasse« gibt es auf 100 000 m²

Am Ostseestrand von Zingst

über 400 Komfortstellplätze, 14 Apartments sowie eine Schwimmhalle mit ungechlortem Wasser und einen Fitnessbereich. *Ganzjährig geöffnet, Inselweg 9, Tel. 038232/176 17, Fax 176 27, www.wellness-camp.de*

FREIZEIT & SPORT

Im Kurmittelzentrum *(Am Rämel)* gibt es ein Schwimmbad mit 30 Grad warmem Wasser, eine Sauna und eine Minigolfanlage. Tennis- und Badmintonplätze finden Sie in der Sportfreizeitanlage *(Hägerende 5)*. Ausritte sowie Ponyreiten bietet der *Reiterhof Illner (Ortsteil Müggenburg)*. In der *Zingster Kinderwelt* lernen Kinder aktiv die Gesetze der Natur verstehen, sie basteln, klettern, fotografieren. Und in der *Erlebnisgastronomie Sp@rghetti* wird dann so richtig geschlemmt *(Juni–Sept. tgl. 10–19, Okt.–Mai tgl. 10–16 Uhr, Seestr. 76, www.zingsterkinderwelt.de)*.

AUSKUNFT

Kurverwaltung
Seestr. 56 (an der Seebrücke), 18374 Zingst, Tel. 038232/815 80, Fax 815 50, www.zingst.de

ZIEL IN DER UMGEBUNG

Pramort **[111 D1]**
Pramort an der Landspitze ist einer der größten Rastplätze für Kraniche. Bis zu 40 000 Tiere nutzen die flachen Boddengewässer im Nationalpark Vorpommersche Boddenlandschaft als Schlafplatz, denn hier sind sie sicher vor natürlichen Feinden. Ein grandioses Schauspiel bietet sich, wenn Tausende der Vögel mit ihren Guruh-Guruh-Rufen in die Luft aufsteigen. Vom Parkplatz Sundische Wiese sind es zu Fuß oder mit dem Fahrrad noch etwa 8 km *(in den Monaten Sept., Okt. ist die Besucherzahl für Pramort auf 100 Pers. pro Tag begrenzt. Reservierung über die Kurverwaltung). 16 km*

Bekannte Seebäder mit Tradition

Per pedes, Fahrrad, Schiff oder Kleinbahn zu unvergesslichen Landschaftserkundungen

Die 574 km lange Küste Rügens ist durch Bodden und Wieken zerklüftet. Kein Ort liegt weiter als 6 km vom Meer entfernt. Lange Sandstrände, steil aufragende Ufer, rohrgedeckte Katen und backsteinerne Dorfkirchen prägen die Insel.

Nicht wenige Kenner behaupten schwärmerisch, Rügen sei nicht nur Deutschlands größte, sondern auch seine schönste Insel. Die bizarren Kreidefelsen der Stubbenkammer mit dem Königsstuhl, der sagenumwobene Herthasee und die Feuersteinfelder auf der Schmalen Heide sind besondere Naturcharakteristika. Als außergewöhnliches Architekturdenkmal gilt das planmäßig klassizistisch erbaute Putbus. Von der ehemaligen fürstlichen Residenzstadt zuckelt seit dem 19. Jh. eine Kleinbahn, der »Rasende Roland«, durch Wiesen und Wälder zu den traditionsreichen Seebädern Binz, Sellin, Baabe und Göhren mit Hotels und Pensionen im Stil der Bäderarchitektur. Von Schaprode auf Rügen und im Sommer auch von Stralsund tuckern Personenfähren zum *söten Länneken*, wie die Insel Hiddensee hier genannt wird.

Charakteristisch: Häuser im Stil der Bäderarchitektur wie hier auf Rügen

Fischer in Sassnitz

Über Rügen, Hiddensee und Stralsund informiert Sie ausführlich der MARCO POLO Band »Rügen«.

BERGEN

[112–113 C–D4] Die Inselkreisstadt (15 600 Ew.) bildet auch geografisch den Mittelpunkt Rügens. Von Bergen sind alle Ausflugsziele gut zu erreichen. Ihrem Namen wird die Stadt ebenfalls gerecht: Die Straßen steigen zum Markt hin an.

SEHENSWERTES

Ernst-Moritz-Arndt-Turm

Der 27 m hohe Turm auf dem Rugard entstand als Denkmal für den auf Rügen geborenen Publizisten Ernst Moritz Arndt (1769 bis

Der Badeort Binz bietet Urlaubern kilometerlangen, feinsandigen Strand

1860). Nach 80 Stufen ein herrlicher Blick. *Mai–Okt. tgl. 10–18 Uhr*

Schauwerkstatt Klosterhof
Regionale Handwerker, unter ihnen Kerzenhersteller und Korbflechter, bieten ihre Erzeugnisse an. Bei der Produktion darf zugeschaut werden. *Mo–Fr 10–18, Sa 10–16 Uhr*

ESSEN & TRINKEN

Bibo Ergo Sum
Gilt als Rügens Kontaktbörse. Große Auswahl an Longdrinks und Cocktails; internationale Küche. *Tgl., Fr–So nur abends, Am Markt 14, Tel. 03838/25 22 59, www.biboergosum.de, €*

ÜBERNACHTEN

Kaufmannshof Hermerschmidt
Das stilvolle Interieur versetzt in alte Kaufmannszeiten. Biergarten. *18 Zi., Bahnhofstr. 6–8, Tel. 03838/804 50, Fax 80 45 45, www.romantikhotels.com/ruegen, €€€*

AUSKUNFT

Touristinformation
Am Markt 11, 18528 Bergen, Tel. 03838/25 60 95, Fax 25 60 96, www.stadt-bergen-auf-ruegen.de

ZIEL IN DER UMGEBUNG

Ralswiek **[113 D3]**
Auf der Freilichtbühne mit 9000 Plätzen finden von Juni bis Anfang September *(Mo–Sa)* die *Störtebeker-Festspiele* statt. Jedes Jahr wird eine neue Geschichte des berühmten Seeräubers erzählt, mit rund 150 Mitwirkenden und einem Feuerwerk über dem Großen Jasmunder Bodden zum Schluss *(Tel. 03838/311 00, Fax 31 31 92, www.stoertebeker.de). 8 km*

BINZ

[113 D–E4] In einem Talkessel liegt Rügens größtes und vornehmstes Ostseebad (5600 Ew.). Die Steilküste tritt hier zurück, Binz öffnet sich weit dem Meer mit einer 4 km langen, von Cafés und Restaurants gesäumten Strandpromenade: Am Abend und an Schlechtwettertagen ist dieser Ort Treffpunkt fast aller Binz-Urlauber. Die nach der Wende erbaute Seebrücke ist mit 370 m die längste auf Rügen.

MUSEUM

Insider Tipp

Fälschermuseum
Die schönsten und berühmtesten Meisterwerke der Malerei sind hier zu sehen, alle gefälscht – von Meistern dieser Kunst. Wer will, kann Bilder auch kaufen – ab 2500 Euro sind Sie dabei. *April–Okt. Di–So 10–18, Nov.–März Di–So 10–16 Uhr, Margaretenstr. 20*

ESSEN & TRINKEN

Binzer Bierstuben
Wegen der günstigen Preise und der großen Auswahl an Fisch- und Fleischgerichten immer gut besucht. *Tgl., Tel. 038393/26 78, Bahnhofstr. 2 (im Hotel Granitz),* €

ÜBERNACHTEN

Hotel Meersinn
Neues Wellnesshotel in moderner Architektur mit hochwertigem Design und Ruhezonen (Bibliothek, Kamin). 400 m² großer Wellnessbereich. *50 Zi., Schillerstr. 8, Tel. 038393/66 30, Fax 663 23, www.meersinn.de,* €€€

FREIZEIT & SPORT

Von der Seebrücke legen Schiffe zu Ausflugsfahrten ab. Das *Erlebnisbad Vitamar* ist nicht nur an Schlechtwettertagen gut besucht. 30 Grad warmes jod- und fluorhaltiges Thermalwasser, das aus einer Tiefe von über 1200 m kommt, füllt das Becken der *Binz-Therme* (im Hotel *Binz-Therme Rügen*).

AUSKUNFT

Kurverwaltung
Heinrich-Heine-Str. 7, 18609 Ostseebad Binz, Tel. 038393/14 81 48, Fax 14 81 45, www.ostseebad-binz.de

MARCO POLO Highlights »Stralsund, Rügen, Hiddensee«

★ **Seebrücke**
Sellin: Über den Ostseewellen speisen (Seite 68)

★ **Hansedom**
Stralsund hat ein tolles Freizeitzentrum (Seite 71)

★ **Kap Arkona**
Aussichtstürme und ein slawischer Burgwall (Seite 67)

★ **Deutsches Meeresmuseum**
Meeresbewohner aus aller Welt sind in Stralsund zu bewundern (Seite 70)

★ **Kreidefelsen Königsstuhl**
Der Königsstuhl im Nationalpark Jasmund gilt als berühmtester Aussichtsfelsen Norddeutschlands (Seite 67)

ZIELE IN DER UMGEBUNG

Jagdschloss Granitz [113 E4]
Nach gotischem Vorbild ließ Fürst Wilhelm Malte I. von Putbus das kleine Jagdschloss errichten. Im Turm schraubt sich als frühes Zeugnis des industriellen Zeitalters eine gusseiserne Treppe nach oben (154 Stufen). Bei guter Sicht reicht der Blick bis nach Hiddensee *(Mai–Sept. tgl. 9–18, Okt.–April Di–So 10–16 Uhr). 3 km*

Prora [113 D3]
Seit über sechs Jahrzehnten wartet die Ferienstadt auf ihre Fertigstellung. Die nationalsozialistische Organisation »Kraft durch Freude« begann 1936 das gigantische Seebad zu errichten; Hitler wollte es zur größten Ferienanlage der Welt machen. In den bis zum Zweiten Weltkrieg fertig gestellten Bettenhäusern etablierte sich die *Proraer Museumsmeile* mit mehreren interessanten Museen. *4 km*

GÖHREN

[113 E4] Das Ortsbild des Ostseebades (1300 Ew.) mit einer 270 m langen Seebrücke bestimmen weiß gestrichene Villen und Pensionen. Göhren besitzt den schönsten Kurpark aller Bäder auf Rügen.

MUSEUM

Mönchguter Museen
Unter diesem Namen sind vier verschiedene Einrichtungen zusammengefasst, u. a. der *Museumshof*, eine Hofanlage aus dem 18. und 19. Jh., sowie am Südstrand der Motorsegler »Luise«. *Museumshof, Strandstr., Mitte April–Juni, Sept.–Mitte Okt. tgl. 10–17, Juli/Aug. tgl. 10–18, Mitte Okt.–Mitte April Mo–Fr 10–16 Uhr; Motorsegler, hinter den Dünen am Südstrand, Mitte April–Juni, Sept.–Mitte Okt. tgl. 10–13, Juli–Aug. tgl. 11–17 Uhr, www.moenchguter-museen-ruegen.de*

ESSEN & TRINKEN

Meeresblick
Von Küchenchef Peter Knobloch vorbildlich zubereitete und angerichtete Speisen. *Nur abends, Mi geschl., Friedrichstr. 2 (im gleichnamigen Hotel), Tel. 038308/56 50,* €€€

Insi Tip

ÜBERNACHTEN

Akzent-Waldhotel Göhren
45 geräumige Zimmer, Freizeitbereich mit Schwimmbad und Fitnessraum. *Waldstr. 7, Tel. 038308/505 00, Fax 253 80, www.waldhotelgoehren.de,* €€

Regenbogen Camp Göhren
Der wohl modernste Campingplatz der deutschen Ostseeküste mit Mietwohnwagenund Tipis mit kompletter Kücheneinrichtung sowie Dusche/WC (Holzhäuschen, 39 m² für bis zu 4 Pers.), Marktplatz mit Restaurant, Supermarkt und 500 m² großem Wellnessbereich. *Tel. 038308/422 22, Fax 422 25, www.regenbogen-camp.de*

AUSKUNFT

Kurverwaltung
Poststr. 8, 18586 Ostseebad Göhren, Tel. 038308/667 90, Fax 66 79 32, www.goehren-ruegen.de

Auf Hiddensee finden Sie Natur pur, beispielsweise die Dünenheide

INSEL HIDDENSEE

[112 A–B 2–3] Einsamkeit und Ruhe bietet die 16,5 km lange und manchmal nur 150 m breite, Rügen vorgelagerte Insel Hiddensee (1200 Ew.). Sie gehört zum Schönsten, was die Ostseeküste bereithält. Diskos und Zeltplätze, Kurpromenaden oder Hotelburgen gibt es nicht; private Autos sind nicht zugelassen, auf der Insel kann man noch tief durchatmen. Wer pfiffig ist, der bestellt sich über die Insel-Information einen Kremser, lässt sich an einem der Häfen abholen und mit 2 PS über die Insel kutschieren. Zum Dornbusch, einer reizvollen Hügellandschaft nördlich von Kloster, gelangen Sie nur zu Fuß.

Insider Tipp

SEHENSWERTES

Leuchtturm

Vom Hochland des Dornbuschs schickt er sein Blitzfeuer 38 km weit. Wer die 102 Stufen erklimmt, kann die phantastische Aussicht genießen. *April–Okt. tgl. 10.30–16 Uhr, Winteröffnungszeiten bitte in der Insel-Information erfragen*

MUSEUM

Gerhart-Hauptmann-Haus

Der Literaturnobelpreisträger erwarb *Haus Seedorn* 1930. Die original eingerichteten Räume geben Einblick in Leben und Schaffen Hauptmanns. *Mai–Okt. tgl. 10–17, Nov., Dez., Feb.–März tgl. 11–16 Uhr, Kloster, www.gerhart-hauptmann-museen.de*

ESSEN & TRINKEN ÜBERNACHTEN

Heiderose

19 rohrgedeckte Häuser mit 38 Apartments, im Hotel 31 Zimmer, Restaurant *(tgl.)* mit großer Terrasse. Mitten in der Dünenheide zwischen Vitte und Neuendorf gelegen. *Tel. 038300/630, Fax 631 24, www.heiderose-hiddensee.de,* **€€**

Zum Enddorn
Insider Tipp
22 Zimmer und die Bilderkneipe: Dutzende von Gemälden zieren die Wände. Gemütliche Atmosphäre, schmackhaftes Essen und meist viele Gäste. *Kloster (im Ortsteil Grieben), Tel. 038300/460, Fax 680 94, www.enddorn.de,* €–€€

AUSKUNFT

Insel-Information
Norderende 162, 18565 Vitte, Tel. 038300/642 26, Fax 642 25, www.seebad-hiddensee.de

PUTBUS

[113 D4] »Weiße Perle auf der grünen Insel« nennt sich Putbus (5000 Ew.), denn die Stadt mit ihren weißen klassizistischen Bauten ist von einer herrlich grünen Wald- und Wiesenlandschaft umgeben. Mittelpunkt von Putbus ist der riesige, *Circus* genannte Platz, in dessen Mitte ein schlanker Obelisk an die Stadtgründung erinnert.

SEHENSWERTES

Park
Im englischen Stil angelegter Landschaftspark mit seltenen Gehölzen. Fürst Wilhelm Malte I. schaut in Richtung des nicht mehr vorhandenen Schlosses. In der Orangerie (1853) Kunstausstellungen.

»Rasender Roland«
Die von einer Dampflok gezogene Schmalspurbahn verbindet ganzjährig von Putbus aus die ostrügischen Seebäder. Endstation ist Göhren. *Rügensche Kleinbahn, Tel. 038301/801 12, www.rasender-roland.de,* *s. Kapitel »Ausflüge & Touren«*

ESSEN & TRINKEN

Nautilus
Kapitän Nemo stand bei dem phantasiereich gestalteten Erlebnisrestaurant Pate. *Nov.–Feb. Mo geschl., erste Hälfte Jan. geschl., Dorfstr. 117 (im Ortsteil Neukamp), Tel. 038301/830,* €€

ÜBERNACHTEN

Im Jaich
Insider Tipp
Direkt im Yachthafen schwimmen 12 Ferienhäuser mit eigenem Bootsanleger (49 m² und 71 m² für bis zu 6 Pers.). *Marina Lauterbach, Tel. 038301/80 90, Fax 809 10, www.im-jaich.de,* €€€

AM ABEND

1821 hob sich zum ersten Mal der Vorhang im fürstlichen *Theater.* Der Zuschauerraum in dem klassizistischen Bauwerk blieb fast unverändert. *Alleestr. 9 a, Tel. 038301/808 30, www.theater-putbus.de*

AUSKUNFT

Putbus-Information
Orangerie, Alleestr. 35, 18581 Putbus, Tel. 038301/431, Fax 609 63, www.putbus.de

SASSNITZ

[113 D–E 2–3] Der erst 1957 Stadt gewordene Ort (11 600 Ew.) bildet das Tor zu Skandinavien und ist Ausgangspunkt für Wanderungen in den Nationalpark Jasmund mit den Kreidefelsen. In dem durch die

1510 m lange Steinmole geschützten Stadthafen liegen Kutter, die zu Schiffsreisen zum Kap Arkona, vorbei am Königsstuhl, auslaufen.

MUSEUM

U-Boot »H.M.S. Otus«
Das 1962 erbaute britische U-Boot war im Falkland-Krieg und am Persischen Golf im Einsatz. Seit 2002 liegt es im Stadthafen zur Besichtigung. *April–Okt. tgl. 10–19, Nov. bis März tgl. 10–16 Uhr, www.hms-otus.de*

ESSEN & TRINKEN

Gastmahl des Meeres
Fischgerichte in großer Auswahl. *Tgl., Strandpromenade 2, Tel. 038392/51 70, €€*

ÜBERNACHTEN

Waterkant
Hotel garni mit persönlicher Atmosphäre. Toller Ausblick auf Hafen und Meer. *16 Zi., Walterstr. 3, Tel. 038392/509 41, Fax 508 44, www.hotel-waterkant.de, €€*

AUSKUNFT

Tourist-Service
Bahnhofstr./Ecke Gartenstr., Tel. 038392/64 90, Fax 649 20, www.insassnitz.de

ZIELE IN DER UMGEBUNG

Kap Arkona **[112 C1]**
★ An die slawische Ranenburg erinnert noch ein beachtlicher Wall. Den kleinen, viereckigen Leuchtturm mit mehreren Ausstellungen

Kap Arkona: Der Blick von den Türmen reicht bis nach Hiddensee

hat Karl Friedrich Schinkel erbaut. Seit 1902 schickt der daneben stehende, runde Turm bei Dunkelheit Lichtblitze hinaus aufs Meer. Von beiden Leuchttürmen und vom nahen ehemaligen Marinepeilturm haben Sie einen herrlichen Rundblick. Im *Rügenhof Arkona* stehen rügentypische Produkte zum Kauf *(alle Einrichtungen Jan.–März tgl. 10–16, April, Mai, Sept., Okt. 10 bis 18, Juni 9.30–20, Juli, Aug. 9–21, Nov., Dez. 11–15 Uhr, www.kap-arkona.de. Das Auto muss in Putgarten, 43 km von Sassnitz, bleiben, von dort 2,5 km zu Fuß, mit der Parkbahn oder Kutsche).*

Kreidefelsen Königsstuhl **[113 E2]**
★ Ein Besuch des 117 m hohen Kreidefelsens ist ein Muss. Im Sommer strömen Tausende zur

Bilderbuchdörfchen wird Vitt mit seinen rohrgedeckten Häusern genannt

Aussichtsplattform. Der Blick vom Königsstuhl ist neuerdings nur mit einer Kombikarte von 6 Euro (!) möglich, die einen Besuch des *Nationalparkzentrums Königsstuhl (April–Okt. tgl. 9–18, Nov.–März tgl. 10–16 Uhr, www.koenigsstuhl.com)* und die Fahrt mit dem Bus vom Parkplatz in Hagen einschließt. *Die Anfahrt mit dem Pkw ist nicht gestattet. Vom Parkplatz Hagen, 6 km von Sassnitz, regelmäßiger Busverkehr.*

Vitt **[112 C1]**
Rügens romantischster Ort! In einem tiefen Einschnitt des Hochufers drängen sich dreizehn Häuser und eine Gaststätte. Achteckige Kapelle auf dem Steilufer von 1816 *(für PKW gesperrt, vom Parkplatz Putgarten, 43 km von Sassnitz, verkehren Parkbahn und Kutschen).*

Wissower Klinken **[113 E2]**
Die Kreidefelsformation avancierte nach dem Abbruch im Februar 2005 zum Besuchermagnet. Zu ihr führt von Sassnitz der markierte Hochuferweg. Für Motorisierte: Von der Straße *Sassnitz–Stubbenkammer* biegt rechts ein Weg ab. *5 km*

SELLIN

[113 E4] Eine vor rund hundert Jahren angelegte Lindenallee mit kleinen Hotels und hübschen Pensionen im Stil der Bäderarchitektur führt zur Steilküste des Ostseebades Sellin (2700 Ew.). Von dort bietet sich ein herrlicher Blick auf den Strand und die 394 m lange Seebrücke. Neben der steilen Treppe mit 87 Stufen gibt es einen Aufzug zur Seebrücke und zum Strand.

MUSEUM

Bernsteinmuseum
Mehr als 300 Fundstücke und Bernsteinarbeiten werden gezeigt. *Granitzer Str. 43, Mo–Fr 10–12 und 14–17, Sa 10–12 Uhr, www.bernsteinmuseum-sellin.de*

ESSEN & TRINKEN

Seebrücke
★ In den Aufbauten der Brücke entstanden zwei Restaurants auf jeweils zwei Ebenen: links der *Palmengarten*, rechts der *Kaiserpavillon. Tgl., Tel. 038303/82 90,* €€

ÜBERNACHTEN

Cliff-Hotel
Großzügige Hotelanlage mit ausgedehntem Wellnessbereich und Lift zum Strand. *247 Zi., Siedlung am Wald, Tel. 038303/84 84, Fax 84 95, www.cliff-hotel.de, €€€*

Jugendherberge
Eine der modernsten Jugendherbergen, 156 Betten in 2- bis 4-Bettzimmer, alle mit Dusche/WC. Eigene Multifunktionshalle. *Kiefernweg 4, Tel. 038303/950 88, Fax 950 98, www.djh-mv.de, €*

Villa Subklew
Familiäres Hotel mit modernem Komfort. *29 Zi., Warmbadstr. 1, Tel. 038303/859 87, Fax 873 42, www.villa-subklew.de, €€*

FREIZEIT & SPORT

Badespaß bietet das täglich geöffnete Freizeitbad *Nemo – die Wasserwelt* mit einer 100 m langen Rutsche im Seepark Sellin. Am Südstrand gibt es eine 127 m lange Wasserrutsche. Auf 2700 m^2 wird im *Seepark Sellin* Minigolf gespielt.

AUSKUNFT

Kurverwaltung
Warmbadstr. 4, 18586 Ostseebad Sellin, Tel. 038303/16 11, Fax 872 05, www.ostseebad-sellin.de

ZIEL IN DER UMGEBUNG

Baabe **[113 E4]**
Das von Laub- und Nadelwald umgebene Baabe (800 Ew.) ist ideal für einen ruhigen Seeurlaub. Eine breite, von kleinen Hotels und Pensionen gesäumte Allee führt zum Strand. Am Selliner See am alten Ortskern setzt ein noch handgerudertes kleines Fährboot in das romantische Moritzdorf über. *3 km*

Insider Tipp

STRALSUND

Karte im hinteren Umschlag

[111 E2–3] Die Stadt (60 600 Ew.) ist voller bedeutender Bauwerke und Kunstschätze, die vom Reichtum zur Hansezeit künden. Hoch ragen die Türme der drei Pfarrkirchen in den Himmel, und jahrhundertealte Bürgerhäuser schmücken die Straßen und Plätze. Das Herz Stralsunds, deren Altstadt von der Unesco in die Welterbeliste aufgenommen wurde, bildet der Alte Markt mit einem schönen und historisch bedeutenden Rathaus.

Stralsund ist von drei Seiten (Strelasund, Knieperteich und Frankenteich) von Wasser umgeben. Seit 1936 verbindet der 2480 m lange Rügendamm Deutschlands größte Insel mit der Hansestadt.

SEHENSWERTES

Heilgeisthospital
Das architektonische Kleinod mit seinen farbigen Häuschen und der spätgotischen Heilgeistkirche wurde liebevoll restauriert. *Wasser-/Klosterstr.*

Marienkirche
Gotische Backsteinbasilika mit einem der größten Hauptschiffe (99 m lang und 32,5 m hoch) an der Ostseeküste. Der phantastische Blick vom Turm lohnt den mühsamen Aufstieg unbedingt.

Ein Meisterwerk norddeutscher Backsteingotik: Stralsunds Marienkirche

Nikolaikirche
Die gigantische Backsteinbasilika am Alten Markt birgt reiche Kunstschätze (astronomische Uhr, 1394).

Insider Tipp **Schiffer-Compagnie**
Die 1488 gegründete Vereinigung von Seeleuten pflegt Stralsunds große Schifffahrtstradition; bereits 1635 zog sie in ihr heutiges Domizil. *Mo–Fr 9.30–11.30, 13–15.30 Uhr, Frankenstr. 9*

MUSEEN

Deutsches Meeresmuseum
★ Eines der zehn meistbesuchten Museen Deutschlands. Zu den Attraktionen gehört das neue 350 000 Liter fassende Schildkrötenaquarium. Originalgetreu aufgebaut wurde der 9 m hohe Ausschnitt eines Korallenriffs aus dem Roten Meer. *Juni–Sept. tgl. 10–18, Okt.–Mai tgl. 10–17 Uhr, Katharinenberg 14–17, www.meeresmuseum.de*

Meereswelten
Bis das Ozeanum etwa 2007 öffnet, bietet die Ausstellung in der blauen Traglufthalle Interessantes zum Phänomen Meer. *Im Stadthafen, Mai–Okt. tgl. 10–19 Uhr*

Nautineum Dänholm
Deutschlands größter Eisbrecher »Stephan Jantzen« ist zu sehen und als Attraktion das 86 t schwere, 14 m lange und 7 m breite Unterwasserlabor »Helgoland« (1968 in Lübeck gebaut), in dem Wissenschaftler in den 1970er-Jahren wochenlang lebten und arbeiteten. *Mai, Okt. Di–So 10–17, Juni–Sept. Di–So 10–18 Uhr*

ESSEN & TRINKEN

Tafelfreuden im Sommerhaus
Der Name wird der Küche gerecht: Hier gibt's frisch und pfiffig zubereitete Speisen. *Mo geschl., Jungfernstieg 5 a, Tel. 03831/29 92 60,* €€€

ÜBERNACHTEN

Steigenberger Hotel Baltic
135 stilvoll eingerichtete Zimmer, zum Teil mit Blick auf die Insel Rügen. Wellnessbereich mit Fitnesscenter. Das elegante Restaurant gehört zu den besten der Stadt. *Frankendamm 22, Tel. 03831/20 40, Fax 20 49 99, www.stralsund.steigenberger.de,* €€€

FREIZEIT & SPORT

Hansedom
★ Ein in seiner Vielfalt einzigartiges, 13 000 m² großes Wasser-, Saunen- und Sportzentrum mit Badevergnügen im Innen- und Außenbereich, Wellenbad unter Palmen, Strand mit Strandkörben und maurischem Badehaus, Fitnessclub, Tennisplätzen, Squashcourts. Bowling- und Kegelbahnen. *Grünhofer Bogen 18–20, tgl. geöffnet, www.hansedom.de*

AM ABEND

Oper, Operette, Schauspiel, Ballett und Konzerte im *Theater Vorpommern (Olof-Palme-Platz 1, Tel. 03831/264 60, www.theater-vorpommern.de).*

AUSKUNFT

Stralsund-Information
Alter Markt 9 (neben dem Rathaus), 18439 Stralsund, Tel. 03831/246 90, Fax 24 69 49, www.stralsund.de

ZIEL IN DER UMGEBUNG

Kranich-Informationszentrum **[111 D2]**
40 000 Kraniche rasten im Frühjahr und Herbst nördlich von Stralsund. Es gibt zahlreiche Beobachtungsstände. In *Groß Mohrdorf* befindet sich das Kranich-Informationszentrum, hier erfahren Sie auch, wo die Aussichtsplattformen stehen, von denen die Kraniche ungestört beobachtet werden können *(Feb. Mo–Fr 10–16, März–Mai tgl. 10–16, Juni/Juli Mo–Sa 10–16.30, Aug. tgl. 10–16.30, Sept./Okt. tgl. 9.30 bis 17.30, Nov. tgl. 10–16.30 Uhr, Tel. 038323/805 40, www.kraniche.de). 15 km*

Bismarckhering

In Stralsund wurde er »erfunden«

Dem cleveren Stralsunder Kaufmann Johann Wichmann haben wir den Bismarckhering zu verdanken. Wichmann schickte 1871, im Jahr der Reichsgründung, Otto von Bismarck ein Holzfässchen mit marinierten Ostseeheringen, der Spezialität der Wichmannschen Fischkonservenfabrik in der Fährstraße. Bismarck bedankte sich mit einem handgeschriebenen Brief, und umgehend ging erneut ein Fässchen auf die Reise. Diesmal mit der Frage, ob der Herr Reichskanzler einverstanden sei, dass die Delikatesse seinen Namen trage. Bismarck gab seine Zustimmung.

Die »Badewanne« der Berliner

Nostalgische Seebäder, verträumte Fischerdörfer und monumentale Backsteinkirchen

Die 445 km² große Insel Usedom bietet alles, was zu einer schönen Ferieninsel gehört: breite Strände mit weißem Sand, Seebäder mit Kurpromenaden und -konzerten, romantische Fischerdörfer mit rohrgedeckten Häuschen. Deutschlands zweitgrößte Insel ist wieder die »Badewanne« der Berliner geworden – wie in den 1920er- und 1930er-Jahren.

Eine 10 km lange Strandpromenade verbindet die Seebäder Bansin, Heringsdorf und Ahlbeck, die sich in Erinnerung an ihre Geschichte werbeträchtig »Kaiserbäder« nennen. Neben Zinnowitz im Nordteil Usedoms sind diese Orte Hauptanziehungspunkte.

Am Ende des Zweiten Weltkriegs musste ein Teil Usedoms mit der Hafenstadt Swinemünde an Polen abgetreten werden.

Wer sich Usedom vor der Anreise aus höherer Perspektive anschauen möchte, sollte in Wolgast auf den Turm der Petrikirche steigen. Der prachtvolle Rundblick reicht bis zur Hanse- und Universitätsstadt Greifswald, deren Silhouette so erhalten blieb, wie sie Caspar David Friedrich einst malte.

Steilufer auf der Halbinsel Gnitz

Über die Insel Usedom informiert Sie auch der MARCO POLO Band »Usedom«.

AHLBECK

[115 F3] Mit seinen vielen, im Stil der Bäderarchitektur gebauten Häusern und seiner Strandpromenade, die sich bis nach Bansin erstreckt, ist Ahlbeck (3500 Ew.) ein attraktives Ferienziel.

SEHENSWERTES

Seebrücke

★ Sie ist das Wahrzeichen von Ahlbeck und mittlerweile der gesamten Insel Usedom. Die Holzkonstruktion von 1898 mit den charakteristischen vier Türmchen erhielt ihr heutiges Aussehen um 1930 und ist das einzige Bauwerk dieser Art, das an der Ostseeküste Mecklenburg-Vorpommerns im Original erhalten blieb.

ESSEN & TRINKEN

La Mer

Absolute Spitze: das Panoramarestaurant im Strandhotel, zu dem Sie ein gläserner Außenfahrstuhl

Insider Tipp

bringt. *Tgl., Dünenstr. 19–21, Tel. 038378/520, €€– €€€*

Seebrücke
Über den Ostseewellen essen und trinken. *Tgl., Tel. 038378/283 20, €– €€*

ÜBERNACHTEN

Idyll am Wolgastsee
Charmantes, familiengeführtes Haus direkt am 3 km von Ahlbeck entfernten Wolgastsee. *19 Zi., Hauptstr. 9, 17419 Korswandt, Tel. 038378/221 16, Fax 225 46, www.Idyll-am-Wolgastsee.de, €€*

Romantik Seehotel Ahlbecker Hof
Usedoms Nobelhotel besitzt einen anspruchsvollen Wellnessbereich mit einem umfassenden Angebot, direkt an der Strandpromenade. *67 Zi. und Suiten, Dünenstr. 47, Tel. 038378/620, Fax 621 00, www.seetel.de, €€€*

FREIZEIT & SPORT

Von der Seebrücke fahren Schiffe mehrmals täglich nach Swinemünde. Badespaß vielfältiger Art bietet das täglich geöffnete Erlebnisbad ★ *Ostseetherme* an der B 111. Sechs verschiedene Schwimmbecken, Grottenrutsche, römisches Dampfbad, Wasserfälle und vieles mehr unter einer Glaskuppel *(www.ostseetherme-kaiserbaeder.de)*.

AUSKUNFT

Kurverwaltung
Dünenstr. 45, 17419 Seebad Ahlbeck, Tel. 038378/244 14, Fax 244 18, www.drei-kaiserbaeder.de

ZIELE IN DER UMGEBUNG

Anklam **[114 C4–5]**
Die einstige Hansestadt (15 800 Ew.) ist ein gutes Ausflugsziel für einen Schlechtwettertag. Der weltbekannte Flugpionier Otto Lilienthal kam 1848 hier zur Welt. Ihm ist das *Museum* gewidmet *(Di–Fr 10–16, So 14–16, Mai–Sept. auch Sa 14–17 Uhr, www.lilienthal-museum.de, Ellbogenstr. 1 a)*. Im 32 m hohen Steintor zeigt das *Museum Anklam* Ausstellungen zur Regional- und Stadtgeschichte. *(Di–Fr 10–16, So 14–16, Mai–Sept. auch Sa 14–17 Uhr, www.museum-im-steintor.de). 40 km*

Świnoujście/ Swinemünde **[115 F4]**
Der ehemalige Hauptort der Insel Usedom gehört seit 1945 zu Polen. Swinemünde (45 000 Ew.) ist Hafenstadt, Seebad und Kurort zugleich. Der Grenzübergang (nur für Fußgänger und Fahrradfahrer) hat durchgehend geöffnet. Die Usedomer Bäderbahn hält fast vor dem Grenzübergang. Taxis und Pferdekutschen stehen auf polnischer Seite reichlich bereit. *2 km*

Usedom **[115 D4]**
Ein liebenswertes, ruhiges Städtchen (2000 Ew.) mit der wuchtigen backsteinernen Marienkirche am Markt. Bis heute wird gerätselt, ob die Insel der Stadt oder die Stadt der Insel den Namen gab. Auf dem Schlossberg steht ein Kreuz aus Granit zur Erinnerung an die Predigt des Bischofs Otto von Bamberg zur Christianisierung 1128. Gute Küche bietet am Markt das Hotelrestaurant *Norddeutscher Hof (Tel. 038372/702 66, €). 23 km*

Bansin

[115 F3] Als »gemütliches Familienbad« bezeichnet sich das kleine Ostseebad, das am Rande eines Waldes und unweit stiller Binnenseen liegt. Bansin (2400 Ew.) ging nicht aus einem Fischer- oder Bauerndorf hervor, sondern wurde 1897 eigens als Erholungsort gegründet. Das Gesicht des Ortes prägen kleine, meist zu Beginn des 20. Jhs. erbaute Hotels und Pensionen.

Museen

Gedenkatelier Rolf Werner
40 Jahre, bis zu seinem Tod 1989, wirkte der Maler Rolf Werner auf Usedom. Sein Wohnhaus und Atelier wurden Museum. *Führungen tgl. 11, Di, Do, Sa, So auch 14.30 und 18 Uhr, Seestr. 60*

Hans-Werner-Richter Haus
Der 1908 bei Bansin geborene Schriftsteller wird im alten, ausgedienten Feuerwehrgebäude mit der Ausstellung von Teilen seines Nachlasses gewürdigt. Richter war Initiator der »Gruppe 47«, der bedeutendsten Schriftstellervereinigung der deutschen Nachkriegsliteratur. *Di–Fr 16–20, Sa, So 14–18 Uhr, Waldstr./Ecke Bergstr.*

Essen & Trinken

Fischkopp
In der offenen Küche können die Gäste beobachten, wie die schmackhaften Fischgerichte zubereitet werden. *März–Okt. tgl., Mitte Nov.–Dez. geschl., Jan./Feb., erste Nov.-Hälfte Mo/Di geschl., Seestr. 66, Tel. 038378/806 23,* €–€€

Übernachten

Romantik-Strandhotel Atlantic
Kleines, charmantes Haus in Toplage mit Schwimmbad und zwei Kegelbahnen. *26 Zi., Strandpromenade 18, Tel. 038378/605, Fax 606 00, www.romantikhotels.com/Bansin,* €€€

Freizeit & Sport

Von der Seebrücke fahren Schiffe mehrmals täglich nach Heringsdorf und weiter nach Swinemünde. Ten-

Marco Polo Highlights »Greifswald und Usedom«

★ **Pommersches Landesmuseum**
Gemälde neu präsentiert in Greifswald (Seite 77)

★ **Seebrücke**
Einzigartiges historisches Bauwerk Ahlbecks (Seite 73)

★ **Ostseetherme**
Ahlbeck bietet Badespaß für Jung und Alt (Seite 74)

★ **Heringsdorf**
Pensionen aus der Kaiserzeit und eine 508 m lange Seebrücke (Seite 79)

Großteils restauriert und modernisiert: die Hotels am Strand von Bansin

nisplätze am Buchenpark. Ruder- und Tretbootvermietung am Strand und am Großen Krebssee.

AM ABEND

Atlantic Pub

In der Seemannskneipe klönen Einheimische und Gäste gern beim Bier und Korn. *Tgl. abends, Strandpromenade 18 (im Romantikhotel Atlantic)*

AUSKUNFT

Kurverwaltung

Haus des Gastes (an der Strandpromenade), 17429 Seebad Bansin, Tel. 038378/470 50, Fax 47 05 15, www.drei-kaiserbaeder.de

ZIEL IN DER UMGEBUNG

Benz [115 E3]

Das hübsche Dorf schmückt sich mit rohrgedeckten Häuschen und einer Holländerwindmühle. Die Kirche gehört zu den besonders schönen. In einer alten, modernisierten Scheune etablierte sich das *Kunst-Kabinett (April–Okt. Mi–So 11–18 Uhr, Kirchstr. 14 a)* mit wechselnden Ausstellungen. Auf dem Friedhof fanden 1984 Otto Niemeyer-Holstein, der Altmeister der norddeutschen Landschaftsmalerei, und 1999 der Schauspieler Rolf Ludwig, in der DDR ein Publikumsliebling, ihre letzte Ruhestätte. *5 km*

GREIFSWALD

Karte im hinteren Umschlag

[114 A2] Wie zu Caspar David Friedrichs Zeiten bestimmen die Türme der drei gotischen Backsteinkirchen die Stadtsilhouette: der »lange Nikolaus« (Dom St. Nikolaus), die »dicke Marie« (St. Marien) und der »kleine Jakob« (St. Jakobi). Die Stadtgeschichte beginnt mit der Gründung des Klosters Eldena, dessen Ruine Greifswalds berühmtester Sohn Caspar David Friedrich zu vielen Bildern inspirierte. Seit 1456 steht in Greifswald (54 000 Ew.) Norddeutschlands zweitälteste Universität.

SEHENSWERTES

Caspar-David-Friedrich-Zentrum

Multimediale Einrichtung zu Leben und Werk des 1774 in Greifswald geborenen bedeutendsten Malers der deutschen Romantik. *Juni bis Sept. Di–Sa 11–17, Okt.–Mai 11–16 Uhr, Lange Str. 57 (Eingang Turmgasse), www.caspar-david-friedrich-gesellschaft.de*

Eldena

Gegründet wurde das Kloster Hilda, später Eldena genannt, 1199 von Zisterziensern. Berühmtheit erlangte die Ruine durch Gemälde des 1774 in Greifswald geborenen Landschaftsmalers Caspar David Friedrich. Die Stadtteile Eldena und Wieck verbindet eine nach holländischem Vorbild erbaute hölzerne Klappbrücke über den Ryck.

Kirchen

Die drei bedeutenden Backsteinkirchen der Stadt wurden erstmals 1280 genannt. Sie stehen in der historischen Altstadt dicht beieinander. Im *Dom St. Nikolai* können Sie ein Porträt der ersten Professoren der Greifswalder Universität betrachten. In den östlichen Kapellen des südlichen Seitenschiffes befinden sich Wandmalereien aus dem Mittelalter. Vom mächtigen Westturm hat man einen sehr guten Ausblick ins Land. In der *Marienkirche* sind über 300 Grabplatten zu sehen. Schmuckstücke der *Jakobikirche* sind das mehrfach abgestufte Turmportal und das Kreuzrippengewölbe aus dem 14. Jh.

Marktplatz

Der von Bürgerhäusern aus Gotik, Renaissance und Barock umgebene alte Markt ist die gute Stube der Stadt. Glanzpunkt bildet das *Giebelhaus Nr. 11*, das mit der *Nr. 13* zu den hervorragenden Beispielen gotischer Backsteinarchitektur zählt. Das *Rathaus* an der Westseite war einst Kauf- und Handelshaus. In neogotischen Formen präsentiert sich das Haus der *Ratsapotheke*.

Universität

Der Mathematikprofessor Andreas Meyer verstand auch etwas von Architektur: Von ihm stammt der Entwurf für das barocke Hauptgebäude der heutigen Vorpommerschen Landesuniversität. Rund 250 Jahre ist es alt. Um das Rubenow-Denkmal auf dem Platz vor der Universität sind vier Professoren (sitzend) und vier Pommernfürsten (stehend) dargestellt, die sich um die Universität verdient gemacht haben. *Domstr.*

MUSEUM

Pommersches Landesmuseum

★ Das im Sommer 2005 fertig gestellte Museum präsentiert die Landesgeschichte von der Eiszeit bis zur Gegenwart. Von Caspar David Friedrich hängen sieben Arbeiten in der Gemäldegalerie. Interessant ist das akustische Führungssystem: Insider Tipp Über Kopfhörer erfahren Sie Wissenswertes zu einzelnen Epochen und Ojekten, die Sie nach Belieben

Greifswald aus der Vogelperspektive: hinten links die Marienkirche

auswählen. *Mai–Okt. Di–So 10–18, Nov.–April 10–17 Uhr, Theodor-Pyl-Str. 1–2, www.pommersches-landesmuseum.de*

ESSEN & TRINKEN

Braugasthaus Zum alten Fritz
Zur rustikalen Küche im alten Brauhaus schmeckt die naturtrübe Bierspezialität »Zwickelfritz«. *Tgl., Am Markt 13, Tel. 03834/578 30,* €€

Fischer-Hütte
Urige Fischerkneipe an der Wiecker Klappbrücke. *Tgl., An der Mühle 8, Tel. 03834/83 96 54,* €€

Triton
Frisch zubereitete Speisen zu günstigen Preisen. Das hat sich herumgesprochen, wie der gute Besuch zeigt. *Tgl., Am Hafen 1 a (im Stadtteil Wieck), Tel. 03834/84 00 12,* €€

EINKAUFEN

Schuhhagen und *Lange Straße* bilden die Einkaufsmeile. Die *Dompassage (Lange Str.)* vereint Geschäfte, Bowlinganlage und Kinos.

ÜBERNACHTEN

Mercure Hotel Am Gorzberg
Abseits vom touristischen Trubel und der City. *116 Zi., Am Gorzberg, Tel. 03834/54 40, Fax 54 44 44, www.mercure.com,* €€

Kronprinz
Ideale Citylage, dennoch ruhig. *31 Zi., Lange Str. 22, Tel. 03834/79 00, Fax 79 01 11, www.hotelkronprinz.de,* €€

VCH-Vario Hotel Greifswald
146 günstige Doppelzimmer, Restaurant. *Brandteichstr. 5–8, Tel. 03834/51 60, Fax 51 65 16, www.vchhotel-greifswald.de,* €

FREIZEIT & SPORT

Das Freizeitbad bietet u. a. eine 40 m lange Rutsche *(Pappelallee 10)*.

AM ABEND

Insider Tipp

Das *Soziokulturelle Zentrum St. Spiritus* *(Lange Str. 49, www.kulturzentrum.greifswald.de)* lädt zu Ausstellungen und Konzerten. Im *Studentenklub Kiste (Makarenkostr. 49)* gibt es u. a. Disko und Kino. Das *Theater Vorpommern* bietet auch Oper, Operette, Konzerte *(Anklamer Str., Tel. 03834/572 22 24, www.theater-vorpommern.de)*.

AUSKUNFT

Touristinformation
Am Markt (im Rathaus), 17489 Greifswald, Tel. 03834/52 13 80, Fax 52 13 82, www.greifswald.de

HERINGSDORF

[115 F3] ★ Vieles erinnert noch an jene Zeit, als Heringsdorf (3700 Ew.) das Seebad der Aristokratie und Hochfinanz war. So weilte Kaiser Wilhelm II. mehrfach in dem Seebad. Aus dieser Zeit stammen zahlreiche der prachtvollen Hotels, Pensionen und Villen im Stil der Bäderarchitektur.

SEHENSWERTES

Seebrücke
Mit 508 m die längste bewirtschaftete Seebrücke Kontinentaleuropas. Kino, Café, Restaurant, Fitnesscenter, Ferienwohnungen, Geschäfte und ein Restaurant im Brückenkopf machen sie zur schönsten Usedoms. Das war sie schon einmal, nämlich bis 1958, als Brandstiftung die Brücke vernichtete.

MUSEEN

Muschelmuseum
Muscheln, Schnecken, Korallen in großer Vielfalt. *Tgl. 10–18 Uhr, Seebrücke (im Landgebäude rechts)*

Museum Villa Irmgard
Museum für Literatur- und Regionalgeschichte. Informationen gibt es vor allem über den großen russischen Dichter Maxim Gorki, der 1922 in dem Haus wohnte. *Di–So 10–16 Uhr, Maxim-Gorki-Str. 13*

Wachsfigurenkabinett
Auge in Auge mit Berühmtheiten aus Geschichte, Kultur, Showbusiness und Sport. *Tgl. 10–22 Uhr, Seebrücke (im Eingangsgebäude)*

ESSEN & TRINKEN

Usedomer Brauhaus
Selbstgebraute würzige Biere und deftige Speisen. *Tgl., Seestr. 41, Tel. 038378/614 20,* €

Seebrückenrestaurant
Im Brückenkopf. Wer es eilig hat, geht ins *Nauticus*, wer sich verwöhnen lassen möchte, ins Gourmetrestaurant *Käpt'n N. Beide tgl., Tel. 038378/288 17,* €€–€€€

ÜBERNACHTEN

Haus Flora
Familiär geführtes Hotel mit großer Gartenanlage, 5 Min. zum Strand. *15 Zi., Kirchsteig 2 (Zufahrt über Kulmstr.), Tel./Fax 038378/472 70, www.hotel-haus-flora.de,* €–€€

Jugendherberge

Wegen der Toplage an der Strandpromenade beliebt. Außengelände mit Volleyballfeld, Streetball, Tischtennisplatten. 167 Betten (2- bis 6-Bettzimmer, z.T. mit Dusche/WC). *167 Betten, Puschkinstr. 7–9, Tel. 038378/223 25, Fax 323 01, www.djh-mv.de,* €

Maritim Hotel Kaiserhof

Direkt an der Strandpromenade unweit der Seebrücke. Wellnessbereich mit Schwimmbad. *134 Zi., Kulmstr. 33 (Strandpromenade), Tel. 038378/650, Fax 658 00, www.maritim.de,* €€€

FREIZEIT & SPORT

Mehrmals am Tag legen von der Seebrücke Schiffe nach Ahlbeck und Swinemünde ab. Wie im Märchen aus Tausendundeiner Nacht fühlt sich der Gast im *Shehrazade*, *(Seestr. 41, in der Ostseeresidenz).* Auf zwei Ebenen sorgen Schwimmbad, computergesteuerte Fitnessgeräte und Wellnessbereich für Entspannung und Wohlergehen.

Insider Tipp

AM ABEND

Über 200 verschiedene Veranstaltungen gibt es von Mitte Mai bis Ende August im roten, 250 Zuschauer fassenden *Theaterzelt.* Das Programm reicht von Schauspiel über Artistik, von Jazz bis zum Puppenspiel *(Strandpromenade).* In der *Spielbank* im Usedom-Forum stehen 80 Glücksspielautomaten, im großen Saal wird American Roulette und Black Jack gespielt.

AUSKUNFT

Kurverwaltung

Kulmstr. 33, 17424 Seebad-Heringsdorf, Tel. 038378/24 51, Fax 24 54, www.drei-kaiserbaeder.de

WOLGAST

[114 C2] Die Stadt (13 700 Ew.) am Peenestrom bildet das nördliche Eingangstor zur Insel Usedom. Die meisten Inselbesucher nutzen Schlechtwettertage, um nach Wolgast zu fahren, das eine reiche Ge-

Kleines maritimes Lexikon

Wissenswertes für Binnenländler

Bodden – Ostseebucht mit schmalem Meerzugang
Bojen – schwimmende Seezeichen
Brise – frischer Wind, »tolle Brise« steht auch für von Alkohol bedingte Schlagseite
Haken – vom Meer durch Sandablagerungen gebildete Landzunge
Kliff – niederdeutsche Bezeichnung für Steilküste
Votivschiff – einem Heiligen gewidmetes Schiffsmodell in der Kirche
Wiek – niederdeutsch für flache Bucht

schichte hat. Aus seiner Glanzzeit blieben einige barocke Kaufmannshäuser mit großen Lagerböden in der Burgstraße erhalten. Das Rathaus bekam vor 250 Jahren eine Barockfassade, die den mittelalterlichen Kern verdeckt, und eine schmückende Dachlaterne.

SEHENSWERTES

Petrikirche
Monumentaler, 600 Jahre alter Backsteinbau. Im Inneren der Kirche ist ein aus 24 Bildern bestehender Totentanzzyklus zu besichtigen. In der Krypta steht der Prunksarkophag von Herzog Philipp Julius, mit dessen Tod 1625 das Geschlecht der Pommernherzöge ausstarb. Herrlicher Blick vom Turm.

MUSEEN

Museumshafen
Hundert Jahre dampfte das Eisenbahnfährschiff »Stralsund« übers Wasser, jetzt liegt es vertäut am Peene-Ufer. Dazu gesellte sich 2000 der Schlepper »Steppke«, der bis dahin auf der Wolgaster Werft seinen Dienst versah. Jüngstes Exponat im Museumshafen ist ein Düngerflieger mit schwimmfähigem Ponton, der von 1968 bis 1989 im Einsatz war. *Juni–Aug. Di–Fr 10–18, Sa/So 10–16, Sept.–Mai Di–Fr 10–17, Sa, So 10–14 Uhr*

Runge-Haus
In seinem Geburtshaus ist die Vielseitigkeit des großen Malers der Romantik, Philipp Otto Runge (1777–1810), gut zu erkennen. *Juni–Aug. Di–Fr 10–18, Sa, So 10 bis 16, Sept.–Mai Di–Fr 10–17, Sa 10–14 Uhr, Kronwieckstr. 45*

Stadtmuseum
»Kaffeemühle« nennen die Einheimischen ihr Museum, weil das 300 Jahre alte, auf einem fast quadratischen Grundriss erbaute Fachwerkhaus in seiner Form an das Küchengerät erinnert. Interessant anzuschauen sind Schusterwerkstatt, Teppichknüpfstube und Apotheke. *Juni–Aug. Di–Fr 10–18, Sa, So 10–14, Sept.–Mai Di–Fr 10–17, Sa 10–14 Uhr, Rathausplatz 6*

ESSEN & TRINKEN

Alter Speicher
Maritimes Restaurant mit stets frischem Fisch. *Tgl., Hafenstr. 4, Tel. 03836/20 59 94, €€*

ÜBERNACHTEN

Kirschstein
Kleine, gemütliche Hotelpension. *21 Zi., Schützenstr. 25, Tel. 03836/272 20, Fax 27 22 50, www.hotel-kirschstein.de, €€*

AUSKUNFT

Wolgast-Information
Rathausplatz 10, 17438 Wolgast, Tel. 03836/60 01 15, Fax 60 01 18, www.wolgast.de

ZIEL IN DER UMGEBUNG

Skulpturenpark Katzow [114 C2]
Auf einer frei zugänglichen großen Wiese zwischen den Dörfern Katzow und Pritzier stehen phantasievolle Skulpturen, geschaffen von Künstlern aus dem In- und Ausland. Weitere Ausstellungen werden in der *Kunst- und Kulturscheune* gezeigt *(April–Sept. tgl. 10–18, Okt.–März tgl. 10–16 Uhr)*. 6 km

Caféterrasse in Zinnowitz

ZINNOWITZ

[115 D2] Laub- und Kiefernwälder umgeben Zinnowitz (3800 Ew.), das größte Seebad auf der nordwestlichen Hälfte Usedoms. Einen Anziehungspunkt bildet die Strandpromenade mit der 315 m langen Seebrücke. Der historische Ortskern, der an das einstige Fischerdorf erinnert, liegt am Achterwasser. Der Badebetrieb begann Mitte des 19. Jhs. Und so wurden die meisten Hotels um die folgende Jahrhundertwende im Stil der Bäderarchitektur erbaut.

ESSEN & TRINKEN

Kartoffelburg
Erstaunlich, in wie vielen Variationen sich die Kartoffel zubereiten lässt. *Tgl., Dünenstr. 36, Tel. 038377/358 43,* €€

ÜBERNACHTEN

Asgard
Herrlich an der Promenade gelegen. *34 Zi., 50 Apartments sowie Wellnessbereich. Dünenstr. 20, Tel. 038377/46 70, Fax 46 71 24, www.hotelasgard.de,* €€

Familien-Campingplatz Pommernland
Vom Strand nur durch einen Waldstreifen getrennt. Ganzjährig werden Wohnwagen und beheizbare Blockhäuser (Dusche/WC, bis zu 6 Pers.) vermietet. *Dr.-Wachsmann-Str. 40, Tel. 038377/403 48, Fax 403 49, www.camping-pommernland.m-vp.de*

Parkhotel Am Glienberg
38 große, freundlich eingerichtete Zimmer in ruhiger Lage; moderner Wellnessbereich mit Schwimmbad. *Waldstr. 13, Tel. 038377/720, Fax 724 34, www.parkhotel-am-glienberg.de,* €€

FREIZEIT & SPORT

An der Seebrücke legen die Ausflugsschiffe ab. Tennisplätze: *An der Waldbühne*. Im *Sportpark Barge (Möskenweg 24)* kann man Tennis, Badminton, Tischtennis spielen und kegeln. Und in der *Bernsteintherme (Strandpromenade, www.bernsteintherme.de)* wird im 28 Grad warmen Meerwasser gebadet.

AM ABEND

Veranstaltungen gibt es im *Musikpavillon* und in der *Ostseebühne*.

Dort finden Mitte Juni bis Anfang September *(Di, Sa, So 20 Uhr)* die *Vineta-Festspiele (Tel. 038377/ 409 36, www.vineta-festspiele.de)* statt. Die multimediale Theatershow erzählt je eine Episode aus der Stadtgeschichte. Ganzjährig wird Theater geboten in *Die Blechbüchse – das gelbe Theater (Heringsdorfer Weg, Tel. 038377/409 36).*

AUSKUNFT

Kurverwaltung
Strandstr. 30, 17454 Zinnowitz, Tel. 038377/49 20, Fax 422 29, www.zinnowitz.de

ZIELE IN DER UMGEBUNG

Insider Tipp **Halbinsel Gnitz** [115 D2–3]
Zauberhafte Landschaft mit Steilküste und flachem Land südlich von Zinnowitz. Gut 10 km sind es von Zinnowitz bis zur Südspitze. Der Südteil der Halbinsel, mit einem fabelhaften Blick auf Peenestrom und Krummer Wiek, steht unter Naturschutz. *4 km*

Kölpinsee [115 E2]
Ruhig und idyllisch gelegener Badeort (1000 Ew.), der zur Gemeinde Loddin gehört. Der Kölpinsee war Namensgeber. Schöner Blick auf die sich ins Achterwasser erstreckende Halbinsel Loddiner Höft vom Fisch- und Grillrestaurant *Waterblick (Am Mühlenberg, Tel. 038375/202 94, €€). 10 km*

Koserow [115 E2]
Badeort (1600 Ew.) mit kleinen Hotels und Pensionen und einer 261 m langen Seebrücke. Um einen ausgedienten S-Bahnwagen baute sich ab 1932 der Altmeister der norddeutschen Landschaftsmalerei Otto Niemeyer-Holstein sein skurriles Zuhause. »Lüttenort« taufte es der 1984 verstorbene Künstler *(Garten und Galerie Mitte April–Mitte Okt. tgl. 10–18 Uhr, Führungen 11, 14, 15 Uhr, Mitte Okt.–Mitte April Garten und Galerie Mi, Do, Sa, So 10–16 Uhr, Führungen 11, 14 Uhr).* Fisch wird lecker zubereitet in der *Koserower Salzhütte (Bei der Seebrücke, Tel. 038375/206 80, €€). 2 km*

Peenemünde [114 C1]
Das *Historisch-Technische Informationszentrum* in Usedoms nördlichstem Ort gehört mit rund 300 000 Besuchern jährlich zu den meistfrequentierten Museen Deutschlands. In Peenemünde entwickelten die Nationalsozialisten im damals größten Hightechzentrum Europas die erste automatisch gesteuerte Flüssigkeitsgroßrakete. Sie war eine der grausamsten Waffen des Zweiten Weltkriegs, gilt aber auch als Vorläufer aller Raumfahrtträgerraketen. Peenemünde ist also ein historisch brisanter Ort. Nach dem Zweiten Weltkrieg haben die Sowjets, wie im Potsdamer Abkommen festgelegt, fast alle Anlagen dem Erdboden gleichgemacht. Eine Ausstellung informiert über die Raketenentwicklung der Nationalsozialisten und ihre Fortführung nach dem Zweiten Weltkrieg. *(April–Okt. tgl. 9–18, Nov.–März tgl. 10–16 Uhr, Okt.–Mai Mo geschl., www.peenemünde.de).* Das *Maritim Museum* zeigt das einst größte dieselbetriebene U-Boot. Den stählernen Riesen von 86 m Länge stellte die russische Kriegsmarine 1994 außer Dienst *(April–Juni, Mitte Sept. bis Okt. tgl. 10–18, Juli–Mitte Sept. 9 bis 21, Nov.–März 10–15 Uhr). 15 km*

Mit Oldtimerzügen unterwegs

Die Touren sind in der Karte auf dem hinteren Umschlag und im Reiseatlas ab Seite 106 grün markiert

Zwei Kleinbahnen rattern zur Freude der Touristen an der Ostseeküste entlang. Von den Bahnhöfen und Haltepunkten führen Wanderwege in die reizvolle Landschaft der Umgebung. Eisenbahnfreaks kommen von weither angereist, um in die Züge mit den fauchenden Dampfrössern zu steigen. Die beiden zum technischen Denkmal erklärten Bahnen sind selbst ein Reiseziel. Dennoch: »Molli« und »Rasender Roland« sind keine Museumsbahnen – sie fahren nach Fahrplan.

1 MIT DEM »MOLLI« ZUM OSTSEESTRAND

★ Die romantische Fahrt mit dem »Molli« führt von Bad Doberan bis nach Kühlungsborn. Die Fahrzeit für die 15,4 km lange Strecke beträgt 45 Min.

Am 19. Juli 1886 dampfte zum ersten Mal ein Zug in Bad Doberan *(S. 35)* los; damals fuhr die erste öffentliche Schmalspurbahn Mecklenburgs mit der seltenen Spurweite von 900 mm nur bis Heiligendamm, 1910 wurde die Strecke ins heutige Kühlungsborn verlängert.

Der »Molli«, offiziell *Mecklenburgische Bäderbahn* genannt, beginnt seine Fahrt am *Bahnhof Bad Doberan.* Mit dem typischen Pfeifen und Bimmeln setzt sich der Zug mit der Dampflok an der Spitze in Bewegung. Nach kurzer Fahrt durch den Bad Doberaner *Stadtpark* wird am *Alexandrinenplatz* die B 105 gekreuzt, unmittelbar danach hält der Zug am *Haltepunkt Stadtmitte.* In den schmalen Straßen der Innenstadt zuckelt der »Molli« oftmals nur im Abstand von knapp 1 m an den Häusern entlang. Fast mit Schrittgeschwindigkeit erreicht er den *Haltepunkt Bad Doberan Goethestraße (0,9 km).*

Danach geht es am *Ehm-Welk-Haus* (1937/38) vorbei, in dem der durch die beiden »Kummerow«-Bücher berühmt gewordene Autor (1884–1966) wohnte. Dann fährt der Zug parallel zu einer herrlichen Lindenallee (rechter Hand) und beschleunigt bis zur Höchstgeschwindigkeit von 45 km/h.

Linker Hand erstreckt sich das Gelände der ersten europäischen *Galopprennbahn.* Von 1823 bis 1939 und von 1945 bis 1962 wett-

Lindenallee bei Jasmund auf Rügen

eiferten hier Pferde und Jockeys um Siegerkränze, danach wurde das Gelände landwirtschaftliche Nutzfläche. 1993 fand nach 31 Jahren wieder ein Pferderennen statt, seitdem halten die Züge an Renntagen am *Haltepunkt Rennbahn (3,8 km)*.

Auf der linken Seite sind Wiesen und Felder zu sehen, rechts begleitet der Mischwald *Großer Wohld* die weitere Fahrt. Mit einer kleinen, sich im Wald versteckenden *Backsteinkapelle* (1904) im neogotischen Stil kündigt sich Deutschlands ältestes Ostseebad an. Kurz darauf ist das nächste Ziel erreicht, der *Bahnhof Ostseebad Heiligendamm (6,5 km, S. 35)*.

Da die Strecke aus einem Gleis besteht, müssen die Züge einander irgendwo abpassen; das geschieht in Heiligendamm. In dem klassizistisch erbauten Badeort erholte sich einst in den Sommermonaten die Schweriner Herzogsfamilie, umgeben von den Spitzen der mecklenburgischen Gesellschaft. Der Wunsch, bequem von Doberan zur Ostsee nach Heiligendamm zu gelangen, führte zum Bau der Schmalspurbahn.

Wiesen, Felder und rechts das *Kleiner Wohld* genannte Wäldchen sind die weiteren Begleiter; die Gleise verlaufen manchmal nur etwa 100 m von der Küste entfernt. Der nächste Stopp – allerdings nur in der warmen Jahreszeit – liegt am 1969 eingerichteten *Haltepunkt Steilküste-Wittenbeck (10,8 km)*.

Ein Weg führt von hier zum nur etwa 400 m entfernten Ostseestrand, ein anderer am Hochufer entlang nach Kühlungsborn. Mit Pfeifen und Bimmeln fordert die Dampflok, an den unbeschrankten Übergängen Acht zu geben.

Einen großen Bogen um den Ort ziehend nähert sich der »Molli« dem *Bahnhof Ostseebad Kühlungsborn Ost (12,7 km)*. Bis 1938, als Kühlungsborn *(S. 39)* durch den Zusammenschluss von drei Orten entstand, war an dem Bahnhofsgebäude Brunshaupten zu lesen. Wer die Kühlungsborner Seebrücke und

Seit 1878 im Dienst: der Leuchtturm in Bastorf

den feinen Sandstrand zum Ziel hat, verlässt den Zug hier. Das nächste Ziel ist der *Haltepunkt Kühlungsborn Mitte (13,5 km).*

Die hölzerne Halle der ehemaligen Station Brunshaupten Süd entspricht heute noch fast dem Original aus dem Jahr 1910. Nur etwa 5 km beträgt die kurze Wanderung von diesem Haltepunkt bis zum Höhenzug *Kühlung* mit dem Diedrichshäger Berg (130 m) als höchster Erhebung. Das kuppige Land wird von den Einheimischen gern als »Thüringer Wald Norddeutschlands« bezeichnet.

In der Nähe erhebt sich auf einem 78 m hohen Hügel der *Bastorfer Leuchtturm,* der seit 1878 sein Feuer 24 Seemeilen weit durch die Nacht schickt. Noch 5 Min., und der Zug fährt ein in den *Bahnhof Ostseebad Kühlungsborn West (15,4 km).*

Als der Bahnhof mit dem Empfangsgebäude aus Klinkern 1927 gebaut wurde, hieß dieser heutige Teil von Kühlungsborn noch Arendsee. Im Eisenbahnmuseum sind viele Exponate aus der Geschichte des »Molli« zu sehen *(geöffnet Di–So entsprechend dem Fahrplan).* Zum Bahnhof gehören ein Lokschuppen von 1922 sowie ein Wagenschuppen von 1915, in dem die historischen zwischen 1886 und 1927 erbauten Wagen stehen. Auskunft: *Mecklenburgische Bäderbahn Molli GmbH & Co KG, Am Bahnhof, 18209 Bad Doberan, Tel. 038203/41 50, Fax 415 12, www.molli-bahn.de. Fünf Abfahrten im Winter, zehn im Sommer, zw. Bad Doberan und Kühlungsborn in beide Richtungen, Fahrräder zugelassen, Di–So haben einige Züge einen bewirtschafteten Salonwagen.*

Insider Tipp

2 IM »RASENDEN ROLAND« DURCH SÜDOST-RÜGEN

★ Ein besonderes Vergnügen: Die schönsten Punkte der Insel ganz gemütlich mit der nostalgischen Kleinbahn entdecken. Fahrzeit: ca. 1 Std. (26,8 km)

104,8 km lang war einst die Schmalspurstrecke auf Deutschlands größter Insel, übrig geblieben ist nur das 24,2 km lange Stück von Putbus nach Göhren, das 1999 um 2,6 km bis zum Hafen von Lauterbach verlängert wurde.

Am 22. Juli 1895 schnaufte in Putbus *(S. 66)* zum ersten Mal ein Zug los. »Rasender Roland« taufte der Volksmund die Bahn mit 750 mm Spurweite spöttisch, da die Höchstgeschwindigkeit maximal stolze 30 km/h beträgt.

Der »Rasende Roland« dampft los im *Bahnhof Putbus-Landesbahn.* Langsam durchquert die Kleinbahn Wiesen und Felder, rechts schaut aus einer Baumgruppe die Spitze der Vilmnitzer Kirche heraus. Nach vier Minuten schon stoppt der Zug am *Haltepunkt Beuchow (1,8 km).*

Die Deutsche Reichsbahn und später die Bundesbahn ignorierten das Dorf mit etwa einem Dutzend Häusern jahrzehntelang. Doch seit 1996 wird auf Wunsch hier gehalten. Beuchow ist eine der sieben Bedarfshaltestellen; die gesamte Strecke hat insgesamt zwölf Haltepunkten. Wer aussteigen möchte, sollte das vorher dem Lokführer oder Schaffner mitteilen, wer einsteigen möchte, winkt an den Haltepunkten.

Insider Tipp

Die Kleinbahn zuckelt nun zum *Haltepunkt Posewald (3,8 km).* Wer hier aussteigt, der hat die stille Wald- und Wiesenlandschaft der Umgebung zum Ziel, in der Megalithgräber liegen. Zwei befinden sich östlich vom Bahnhof direkt an der Kleinbahnstrecke. Die Großsteingräber aus der Steinzeit und die Hügelgräber aus der Bronzezeit bereichern das Landschaftsbild in dieser Region.

Die aus den Jahren 1900 bis 1927 stammenden Kleinbahnwagen werden von Dampflokomotiven gezogen, die zwischen 1914 und 1953 gebaut wurden. Noch heute stehen in einigen Wagen Kanonenöfen, die der Schaffner im Winter mit Kohlen beheizt.

Wer zur *Stresower Bucht,* einer landschaftlichen Perle Rügens, möchte, steigt am *Haltepunkt Seelvitz* (6,9 km) aus. Hier, bei Groß Stresow waren 1715 im Nordischen Krieg Truppen von Preußenkönig Friedrich Wilhelm I. gelandet. Zur Erinnerung an diesen Coup entstand 1855 eine 15 m hohe Säule mit der Statue des Preußenkönigs. Der Zahn der Zeit hatte so sehr an dem Denkmal genagt, dass es nach 1991 abgebaut werden musste. Da eine Restaurierung nicht mehr möglich ist, soll eine Kopie entstehen – wenn das Geld dafür bereitgestellt werden kann.

Durch Wald und Wiesen geht's zum *Haltepunkt Serams (8,1 km).* Nach Serams sehen jene, die auf der linken Seite sitzen, durch Schilf und Sträucher etwas vom verlandenden *Schmachter See,* der vor rund 200 Jahren noch eine Bucht der Ostsee war. Wer auf der rechten Seite sitzt, erkennt die von Wald bedeckte *Granitz,* aus der der Turm des *Jagdschlosses* herausragt. Kurz darauf erreichen Sie den *Bahnhof Binz Landesbahn (10,9 km).*

Binz-Ost hieß der Bahnhof bis 1995, der eigens für die Kleinbahn entstand. Der Normalspurbahnhof, auf dem sogar IC-Züge ankommen,

Der »Rasende Roland«: 30 km/h schnell, mit Dampf und Pfeifen

befindet sich 3 km entfernt am Nordende des Ostseebads.

Von Binz fährt der Zug um die Höhen der Granitz herum und stoppt dann im Wald am *Haltepunkt Jagdschloss (13,2 km, S. 64).*

Durch einen der herrlichsten Buchenwälder, die es im Norden Deutschlands gibt, dampft die Bahn zum *Haltepunkt Garftitz (14,6 km).*

Das kleine Garftitz liegt am Südrand der Granitz, der Hügelkette zwischen Binz und Sellin; neben der Stubnitz im Nationalpark Jasmund ist es das schönste zusammenhängende Waldgebiet der Insel. Besucher aus den Mittelgebirgen fühlen sich hier ein wenig an ihre Heimat erinnert. Von Garftitz sind es in südlicher Richtung etwa 2 km bis Lancken-Granitz, Ausgangspunkt für Wanderungen zu Megalith- und Hügelgräbern.

Sellin *(S. 68)* entwickelte sich nach dem Bau der Bahn vom Fischerdorf zum Seebad. Direkt an der B 196 liegt der *Bahnhof Ostseebad Sellin (19,0 km).* Das Empfangsgebäude stammt als einziges an der Strecke noch aus der Erbauungszeit (1896), es wurde saniert und beherbergt seit 2000 eine Gaststätte, den Selliner Kleinbahnhof.

Hinter Sellin begleitet die B 196 die Bahn. Rechter Hand leuchtet die blaue Wasserfläche des *Selliners See* mit Moritzdorf am gegenüberliegenden Ufer, auf der linken Seite schaut auf der Höhe ein wenig das Weiß des *Cliff-Hotels* aus dem Grün der Bäume hervor. Wenig später wird der Mönchgraben passiert, einst die Grenze zwischen dem Fürstentum Rügen und der zum Greifswalder Kloster Eldena gehörenden Halbinsel Mönchgut. Der Überlieferung nach soll der Graben 1295 auf Veranlassung des Eldener Abtes angelegt worden sein, tatsächlich war er jedoch Teil eines slawischen Befestigungswerkes.

Der Zug schnauft nun zum *Bahnhof Baabe* (21,3 km). Vor allem nach dem Zweiten Weltkrieg hat sich Baabe *(S. 69)* zu einem hübschen, stillen Badeort mit kleinen Hotels und Pensionen entwickelt. Die nächste Station, direkt an der B 196 im Wald gelegen, ist der *Haltepunkt Philippshagen (22,0 km).*

Die Domäne Philippshagen hatte sich seinerzeit dafür eingesetzt, den Haltepunkt etwa 2 km vom Dorf entfernt einzurichten. Das Empfangsgebäude (um 1895) wurde als kleiner Fachwerkbau errichtet, ein geschäftstüchtiger Wirt ließ eine Veranda vorbauen und eröffnete darin 1902 die Gaststätte *Tannenheim;* heute sind hier Wohnungen. Das Fahrkartenverkaufshäuschen entstand 1926.

Nach einer guten Stunde gemütlicher Fahrt hat der Zug seinen Endpunkt, den *Bahnhof Ostseebad Göhren (24,2 km, S. 64),* erreicht.

Wer es bis jetzt noch nicht geschafft hat, Erinnerungsfotos vom »Rasenden Roland« zu schießen, hat hier bis zum Beginn der Rückfahrt nach Putbus Gelegenheit.

Vom Göhrener Bahnhof sind es nur wenige Minuten bis zur Seebrücke und dem feinen Sandstrand.

Auskunft: *Rügensche Kleinbahn GmbH & Co, Binzer Str. 12, 18581 Putbus, Tel. 038301/801 12, Fax 801 15, www.rasender-roland.de. Sieben Abfahrten im Winter, acht im Sommer tgl. zwischen Putbus, Binz, Sellin, Baabe, Göhren in beide Richtungen (Mitte April–Okt. vom Hafen Lauterbach), Fahrräder sind zugelassen.*

Angeln, Golfen, Radeln und Reiten

Vielfältig sind an der Ostseeküste die Angebote für aktive Urlauber

Immer mehr Ostseeurlauber sind aktiv, faul am Strand zu liegen ist nicht mehr in. Nicht wenige kommen sogar speziell dafür angereist, um an der Küste von Mecklenburg und Vorpommern ihren Lieblingssport auszuüben. Im Frühjahr und im Herbst sind das vorwiegend Angler und Golfer; Radler sind vom zeitigen Frühjahr bis zum späten Herbst unterwegs. Taucher wählen die warmen Sommermonate. Wasserfans sind jedoch nicht mehr auf die Sommermonate angewiesen, Beheizte Schwimmbäder in Hotels und mehrere Erlebnisbäder mit zahlreichen Extras wie Riesenrutschen und Wassergrotten laden das ganze Jahr über zum Schwimmen und Planschen ein.

ANGELN

Die Ostseeküste von Mecklenburg-Vorpommern ist ein wahres Paradies für Angler. Dorsche, Hornfische, Heringe, Zander und Flundern werden in der Ostsee und in den Boddengewässern gefangen. Wer in der 12-Meilen-Zone der Ostsee, den Haff- oder Boddengewässern angeln möchte, muss allerdings einen auf seinen Namen lautenden Fischereischein bei sich haben und einen zeitlich befristeten Angelberechtigungsschein erwerben. Über Ausgabestellen informieren die Touristinformationen; der Schein kann auch schriftlich bestellt werden beim *Landesamt für Fischerei (Dr.-Lorenz-Weg 1, 18059 Rostock, Tel. 0381/40 51 80, Fax 405 18 43)*. In den Häfen Wismar, Timmendorf (auf Poel), Rostock-Warnemünde sowie Sassnitz, Breege und Gager starten Kutter zum Hochseeangeln. Zu den besten Fanggründen im Peenestrom und Greifswalder Bodden führen die Angeltouren für maximal vier Teilnehmer, die *Angeln exklusiv (Tel. 0171/721 97 12, www.angeln-exklusiv.de)* organisiert. Insider Tipp

Bei Radfahrern und Fußgängern beliebt: die Deichkronen Hiddensees

BADEN

Die Ostsee wird selbst an heißen Hochsommertagen kaum wärmer als 18 Grad. Für viele zu wenig, um sich wohl zu fühlen. Aber etliche Hotels haben Schwimmbäder, die angenehm temperiert sind und gegen Gebühr oft auch Nichthotelgästen offen stehen. Schwimmbäder mit Ostseewasser gibt es in

Boltenhagen sowie Zinnowitz. Freizeitbäder mit Saunen, Whirlpools und vielem mehr findet man in Wismar, Stralsund, Ribnitz-Damgarten, Sellin, Neddesitz-Sargard, Greifswald und Ahlbeck.

GOLF

Seit der Einheit wird auch im Osten Deutschlands gegolft. Die Anlagen haben oft einen 18-Loch-Platz, immer jedoch 9- oder 6-Loch-Kurzplätze und Drivingranges sowie meist eine von einem erfahrenen Golfprofi geleitete Golfschule. *Golf-Club (23968 Hohen Wieschendorf, Tel. 038428/660); Golfresort Wittenbeck (18209 Wittenbeck, Tel. 038293/75 75); Golfanlage Zum Fischland (18311 Neuhof, bei Ribnitz-Damgarten, Tel. 03821/89 46 10); Golfanlage Schloss Karnitz, Rügen (18574 Karnitz, Tel. 038304/824 70); Golfpark Balm (17429 Balm, Usedom Tel. 038379/281 99), Infos unter www.auf-nach-mv.de/golf*

RADFAHREN

Die flache Küstenregion ist bei Radlern beliebt, vielfach ist das Rad sogar ein Muss, weil manche Ziele nur so zu erreichen sind – z. B. auf der autofreien Insel Hiddensee. Das Radwegenetz wurde erheblich ausgebaut, Fernradwege führen in andere Regionen. So verbindet seit 2001 der 630 km lange Europäische Radweg Berlin–Kopenhagen die Küste von Mecklenburg-Vorpommern mit der dänischen und der deutschen Hauptstadt.

Fahrräder können Sie in fast allen Ferienorten und in vielen Hotels mieten. Komfort-Radwandertouren mit Gepäckservice: *Die Mecklenburger Radtour (Zunftstr. 4, 18437 Stralsund, Tel. 03831/28 02 20, Fax 28 02 19, www.mecklenburgerradtour.de)*

REITEN

Die flache, dünn besiedelte Küstenregion ist ein ideales Pferdeland. Nachdem in den letzten Jahren modern ausgestattete Reiterhöfe entstanden sind, verbringen immer mehr Gäste ihre Ferien hoch zu Ross. Viele Reiterhöfe bieten auch Gastboxen für Pferde an. Moderne Reithallen, u. a. auf der Insel Poel in Timmendorf, in Zingst und auf Usedom in Bannemin, Benz und Trassenheide machen das sportliche Vergnügen wetterunabhängig. In den Ostseebädern einen Kremser oder eine Kutsche zu mieten, das ist mittlerweile ebenso unkompliziert wie eine Taxibestellung. *Auskunft: Arbeitsgemeinschaft für Urlaub und Freizeit auf dem Lande (Griebnitzer Weg 1, 18196 Dummestorf, Tel. 038208/606 72, Fax 606 73, www.landurlaub.m-vp.de)*

SKATEN

Inlineskater finden ideale Bedingungen auf den unzähligen asphaltierten, teilweise straßenbegleitenden Radwegen. Aber auch die asphaltierten Kronen der Deiche, beispielsweise auf dem Darß und auf Rügen, bieten sich dafür an.

TAUCHEN

Wer alles sehen möchte, was die Ostsee an Schönem bietet, der muss sich unter die Wasseroberfläche begeben. Dort können Sie Fische, Krabben und Quallen beobachten, aber auch Muschelbänke und Seegraswiesen. Getaucht wird von Mai bis September. Die regionalen Tourismusverbände informieren über Tauchclubs.

TENNIS

Nahezu alle Ostseebäder bieten ihren Gästen Tennisplätze. Tennishallen gibt es u. a. in Wismar, Rostock, Malchow, Zingst sowie auf Rügen und Usedom.

WANDERN

Auch Untrainierte marschieren an der Küste gern los, denn die Hügel, von den Einheimischen Berge genannt, stellen keine sportliche Herausforderung dar. Viele Kurverwaltungen bieten organisierte Wanderungen an. Besonders erlebnisreich sind die Touren mit einem Nationalparkranger, auf denen man unter fachkundiger Leitung seltene Vögel wie See- oder Fischadler sehen kann. *Auskunft: Nationalparkamt Vorpommersche Boddenlandschaft, Tel. 038234/50 20, Fax 502 24; Nationalparkamt Rügen, Tel. 038303/88 50, Fax 885 88*

Insider Tipp

WASSERSPORT

An der Küste wird gesurft, gerudert, gesegelt und mit Motorbooten gefahren. Surfer schwärmen von der Wismarer Bucht, dem Salzhaff bei Rerik, dem Thiessower Haken, der Insel Ummanz (beide Rügen) sowie der Pommerschen Bucht vor der Küste der Kaiserbäder Usedoms. Beliebtheit hat das Kitesurfen erlangt. Auch die Segler schwärmen von den unterschiedlichen Bedingungen, die die Ostsee und die vergleichsweise ruhigen Boddengewässer bieten. Die in den letzten Jahren modernisierten Häfen sind nach dem Törn der ideale Liegeplatz. Ruder-, Paddel- und Segelboote stehen in fast allen Ostseebädern zum Mieten bereit. Surf- und Segelschulen bieten Kurse für Anfänger und Fortgeschrittene an. Auskunft geben die regionalen Tourismusverbände oder die Touristinformationen.

Urlauber wie Sportsegler schätzen die guten Bedingungen für einen Segeltörn, wie z. B. hier auf dem Schaproder Bodden vor Hiddensee

ROSTOCKER

Weltreise mit der kleinen »Emma«

Zahlreiche Vergnügungen erfreuen Kinder an der Ostseeküste Mecklenburg-Vorpommerns

Im Sand buddeln kann mit der Zeit langweilig werden, und wenn dann noch das Wetter nicht so recht mitspielt, werden selbst die liebsten Kleinen quengelig. Den einzigen Ausweg sehen viele Eltern dann im Hotelschwimmbad. Oder sie schicken die Kinder auf einen der Abenteuerspielplätze, die es vielerorts gibt. Dabei gibt es an der Küste manches mehr, was Kinderherzen erfreut. Und immer weitere Einrichtungen kommen hinzu. Oft ist es auch möglich, die Kleinen der Obhut des örtlichen Kindergartens anzuvertrauen. Viele Ferienorte bieten während der Sommerferien spezielle Kinderprogramme an.

WISMAR UND DIE WISMARBUCHT

Freizeitbad Wonnemar **[107 E3]**
Zum Herumtoben im warmen Wasser lädt das Abenteuerwellenbecken mit Felsengrotte ein. Für Mutige sind mehrere Rutschen vorhanden. Die Kleinsten amüsieren sich in der Kinderwelt, wo sie auf einem Schiff Kapitän spielen dürfen. In den Restaurants, von denen es gleich vier gibt, wird Eis geschleckt. Wer Geburtstag hat, bekommt für diesen Tag seine Eintrittskarte gratis! Insider Tipp *So–Do 10–22, Fr, Sa 10–23 Uhr, Bürgermeister-Haupt-Str. 38, Wismar, www.wonnemar.de*

Im Sommer beliebter Spielplatz im Nass: der »Brunnen der Lebensfreude« in Rostock

ROSTOCK UND UMGEBUNG

Landschulmuseum Göldenitz **[109 E–F4]**
Einst klapperten in dem Haus die Kinder der Tagelöhner und Landarbeiter mit ihren Holzpantinen, »Pantoffelgymnasium« wurden die Dorfschulen deshalb scherzhaft genannt. In dem einzigen Klassenraum unterrichtete der Lehrer Schulanfänger und die Schüler der oberen Klassen gemeinsam. Interessant ist ein Blick in die alten Klassenbücher, die ab 1884 alle erhalten geblieben sind. Im Jahr 1900 wurde notiert: »Karl Klaus, 9 Jahre, wurde wegen großer Faulheit mit 3 Schlägen auf das Gesäß bestraft.« Gut, dass sich die Erziehungsmethoden seither geändert haben.

Großen und Kleinen bereitet es gleichermaßen Freude, Schule wie vor hundert Jahren zu spielen Insider Tipp (nach Voranmeldung). Die Schulstunde dauert etwa 1,5 Std. *April–Dez. Di, Do, Sa 9–17, Mai–Okt. zusätzlich Mi, Fr 9–14 Uhr, Göldenitz*

Zoo Rostock **[109 D–E 2–3]**
1500 Tiere aus allen Erdteilen sind im größten Zoo Mecklenburg-Vorpommerns zu bewundern. Streichelgehege sind für die Kleinsten vorhanden, die größeren zieht es meist zu den täglichen Schaufütterungen. Insider Tipp Das Schaufüttern bei Bären, Robben, Pinguinen und Elefanten unter *Tel. 0381/208 20* erfragen. *Rennbahnallee 21, April–Okt. tgl. 9–19, Nov.–März 9–17 Uhr, www.zoo-rostock.de*

FISCHLAND, DARSS, ZINGST

Vogelpark Marlow **[110 B4]**
Etwa 150 Vogelarten flattern in den Volieren oder tummeln sich im großzügigen Freigelände. Vom heimischen Storch bis zum afrikanischen Strauß sind sie in naturnahen Lebensräumen zu bewundern. Adler, Falken und Eulen zeigen im Freiflug ihre Künste, das Tauchen der Pinguine können Sie durch eine große Glasfront beobachten. Die Anlage der farbenprächtigen australischen Papageien darf man betreten. Im Streichelzoo gibt es zahme Kaninchen, Ziegen, Schafe und Hühner. Insider Tipp Spannend sind die geführten Touren bei Vollmond. Von April bis Sept. wandern die Besucher in der Abenddämmerung durch den Park, den Abschluss bilden die Uhu-Flugshow und eine gemütliche Runde am Lagerfeuer. *Termine unter Tel. 038221/265. März–Okt. tgl. 9–18.30, Nov.–Feb. tgl. 10–16 Uhr, Kölzower Chaussee, Marlow, www.vogelpark-marlow.de*

STRALSUND, RÜGEN, HIDDENSEE

Deutsches Meeresmuseum **[111 E3]**
Stralsunder Fischern ging einst eine 2,15 m lange Lederschildkröte ins Netz, die 450 kg wog. Ausgestopft, gehört sie heute zu den Sehenswürdigkeiten des Museums. Putzmunter dagegen ist der japanische Riesenkrake mit Beinen, die länger als 1 m sind. Mit zahlreichen anderen Meerestieren lebt er in einem der zahlreichen Meeresaquarien. An den 6 cm starken Scheiben drücken sich nicht nur die kleinen Besucher die Nasen platt, um Seepferdchen, die giftigen Rotfeuerfische und die intelligenten Kraken live zu beobachten. *Tgl. 10–17, Juli, Aug. 9–18 Uhr, Katharinenberg 14–20, Stralsund, www.meeresmuseum.de*

Rügen Park Gingst **[112 B3]**
Eine Weltreise in 20 Minuten? Ja, das ist auf Rügen möglich. Die Kleinbahn »Emma« rollt zu weltberühmten Bauwerken, der Freiheitsstatue von New York, den Cheopspyramiden von Gizeh, der Kathedrale Notre Dame von Paris und dem Michel von Hamburg. Dazu gibt es fachkundige Erklärungen. Wen Hunger oder Durst plagen – »Emma« hält direkt vor einem Selbstbedienungsrestaurant. Rügen von oben betrachten können Sie von Aussichtsplattformen. Wie im Original ist die 100 mal 60 m große Miniaturinsel von Wasser umgeben. Im Spielbereich warten auf die Kleinen u. a. Riesenrutsche, Pferdereitbahn, Hüpfberg und Wildwasserrondell. *April–Okt. tgl. 9–18 Uhr, Gingst, www.ruegenpark.de*

Dieses Skelett eines Finnwals hängt im Stralsunder Meeresmuseum

GREIFSWALD UND USEDOM

Phänomenta **[114 C1]**
Durch einen Paukenschlag wird eine Kerze gelöscht, und in die überdimensionale Seifenblase kann man hineinklettern. Alles, was hier steht, soll angefasst werden, um spielend und oft staunend physikalischen Gesetzen auf den Grund zu gehen – Physikunterricht auf andere Art, für Kinder und Erwachsene ist das gleichermaßen interessant. Geduld und Geschick sind notwendig, um mit einem kleinen Magneten einer großen Tonne den erforderlichen Schwung zu versetzen. In zwei Kosmonautentrainern können sich Neugierige sogar in die Schwerelosigkeit begeben. Wer das wagt, muss jedoch schwindelfrei sein. *April–Okt. 10–18, Nov.–März 10–16 Uhr, Museumsstr. 12, Peenemünde, www.phaenomenta-peenemuende.de*

Naturerlebnispark Gristow **[112 C6]**
Vorsicht ist bei den Lamas geboten. Die scheinen nicht sehr gastfreundlich zu sein, denn sie spucken ihre Besucher manchmal an. Besonders lieb dagegen sind die Ziegen im Streichelgehege. Esel, Pferde, Steppen- und Hochlandrinder, Rot- und Damwild und die anderen der rund 300 Tiere scheinen sich in der großen Anlage wohl zu fühlen, denn Nachwuchs kommt reichlich. Besonders putzig anzuschauen sind die Ferkel der Hängebauchschweine. Und der Kakadu hat sogar sprechen gelernt.

Zum Park gehören ein Bauerngarten, Spielplätze und eine Trimmstrecke. Ein etwa 5 m hohes Pferd aus Stroh macht auf den Naturerlebnispark an der B 96 zwischen Stralsund und Greifswald aufmerksam. *Mai–Sept. tgl. 10–18 Uhr, Okt.–April 10–16 Uhr, An der Mühle 2, Gristow, www.nep-gristow.de*

Angesagt!

Was Sie wissen sollten über Trends, die Szene und Kuriositäten an der Ostseeküste

Kultband

Wenn die Pasternack-Group aus Rostock spielt, jubeln die Massen frenetisch. Die 1995 gegründete Gruppe mit ihrer stimmgewaltigen Frontsängerin Jacqueline hat an der Küste Kultstatus erreicht. Sie hat sich vor allem dem klassisch-swingenden Jazz verschrieben. Aber auch Welthits von Komponisten wie George Gershwin gehören zum Repertoire.

Glücksbringer

Die Küstenregion hat ihren Wunderstein: die Hühnergötter. So werden die kleinen, durchlöcherten Feuersteine genannt. Einst legte man sie Hühnern und Enten ins Nest, weil man glaubte, sie würden die Gesundheit des Federviehs verbessern. Etwas davon hat sich bis in die Gegenwart erhalten. Junge Leute sehen in den Hühnergöttern Glücksbringer. Sie suchen am Strand eifrig nach kleinen Exemplaren und lassen sie ins Portemonnaie wandern, damit das Geld nie ausgehen möge.

Radio 98,1

In Greifswald ist Radio 98,1 in, ein Sender von jungen Leuten für junge Leute, der erste Studentensender in Mecklenburg-Vorpommern. Ausgestrahlt wird das Programm unter dem Slogan »Besser am Abend« von Montag bis Freitag von 19 bis 23 Uhr. Außer trendiger Musik gibt es viel Aktuelles, nicht nur aus der Uni, sondern auch aus Kultur und Politik der Stadt. Die Technik für die jungen Radiomacher war ein Geschenk der Landesrundfunkzentrale, die auch für vorerst fünf Jahre die Kosten übernimmt.

Jazzland

In Mecklenburg-Vorpommern wird gejazzt, was das Zeug hält. Zum »Ostseejazz« in Rostock füllen zwei Tage lang Jazzer mit elektrisierenden Programmen die Veranstaltungsorte. Nachahmer gibt es mittlerweile genug, und so wurde Mecklenburg-Vorpommern zur Jazzhochburg Deutschlands. Für manchen jazzenden Jugendlichen reicht der Jahresurlaub kaum, um alle Highlights zu besuchen. Feste Programmpunkte sind die »Jazz Evenings«, zu denen sich Spitzenmusiker in der wildromantischen Eldenaer Klosterruine treffen, sowie die Festivals in Ahrenshoop und Zinnowitz. Der neueste Clou: Jazz auf den Bahnhöfen in Kühlungsborn und Heringsdorf.

Von Anreise bis Zeitungen

Hier finden Sie kurz gefasst die wichtigsten Adressen und Informationen für Ihre Ostseereise

ANREISE

Die Küstenautobahn wird bis Ende 2005 von Lübeck bis zur Einmündung in die A 11 durchgängig befahrbar sein. Dann sind die meisten Ferienorte zügiger zu erreichen.

Bahnreisende aus Richtung Berlin fahren mit dem Regional-Express von Berlin über Schwerin nach Wismar oder nach Rostock. Ist Rügen das Ziel, geht die Fahrt immer über Stralsund *(www.bahn.de)*. Wer aus Richtung Süden nach Usedom möchte, steigt aus dem RE Berlin–Stralsund in Züssow aus und fährt mit der Usedomer Bäderbahn weiter, aus Norden und Westen Anreisende steigen in Stralsund in die Usedomer Bäderbahn *(www.ubb-online.com)*.

Die nächsten internationalen Flughäfen befinden sich in Berlin und Hamburg. Zum Flughafen Rostock-Laage besteht Linienflugverkehr von München. Die Insel Usedom ist im Sommer von mehreren deutschen Flughäfen erreichbar.

AUSKUNFT

Die Touristinformationen und Kurverwaltungen erteilen Auskunft und versenden kostenlos Prospektmaterial, meist jedoch verbunden mit der Bitte, mit zwei bis drei Euro einen Unkostenbeitrag zu leisten. Allgemeine Informationen, teilweise auch Buchungen bei:

Touristischer Buchungsservice Mecklenburg-Vorpommern
Platz der Freundschaft 1, 18059 Rostock, Fax 0381/403 05 55, info@auf-nach-mv.de, www.Auf-nach-MV.de. Telefonische Informationen rund um die Uhr, Buchungen Mo–Fr 8–20, Sa 9–13 Uhr, Tel. 0180/500 02 23

Verband Mecklenburgische Ostseebäder e. V.
Uferstr. 2, 18211 Ostseebad Nienhagen, Tel. 038203/776 10, Fax 77 61 20, info@ostseeland.de, www.ostseeferien.de

Tourismusverband Fischland/Darß/Zingst e. V.
Barther Str. 31, 18314 Löbnitz, Tel. 038324/64 00, Fax 640 34, info@tv-fdz.de, www.fischland-darss-zingst.de

Tourismuszentrale Rügen GmbH
Bahnhofstr. 15, 18528 Bergen, Tel. 03838/807 70, Fax 25 44 40, info@ruegen.de, www.ruegen.de

Usedom Tourismus GmbH
Bäderstr. 5, 17459 Ückeritz, rund um die Uhr, Tel. 01805/87 33 66 (0,12 Euro/Minute), Tel. 038375/ 234 10, Fax 221 52, utg.info@t-online.de, www.usedom.de

Regionaler Fremdenverkehrsverband Vorpommern e. V.
Fischstr. 11, 17489 Greifswald, Tel. 03834/89 10, Fax 89 15 55, info.@vorpommern.de, www.vorpommern.de

BRÜCKENSPERRUNGEN

Die Insel *Rügen* ist nur über den *Rügendamm* bei Stralsund zu erreichen. Der Damm wird mehrmals am Tag hochgeklappt, um größeren Schiffen die Durchfahrt zu ermöglichen: *2.30–2.50, 5.20–5.40, 9.20–9.40, 17.20–17.40, 21.30 bis 21.50 Uhr*

Peenebrücke Wolgast (B 111): 5.40–5.55, 8.55–9.10, 12.55 bis 13.10, 16.55–17.10, 20.55 bis 21.10 Uhr

Peenestrombrücke bei Zecherin (B 110): Mai–Anf. Okt. 5.20–5.50, 7.40–8.10, Anf. Okt.–April 8.40 bis 9.10, nur bei Bedarf 12.40–13.10, 16.40–17.10, 20.40–21.10, 23.30 bis 24 Uhr

FÄHRVERKEHR

Nach *Hiddensee* fahren Personenfähren von *Schaprode (Insel Rügen)*, im Sommer auch von *Stralsund, Zingst*, von *Wiek* und *Breege* auf Rügen. In Schaprode gibt es reichlich bewachte Parkplätze. *Auskunft Reederei Hiddensee, Infohotline 0180/321 21 50, www.reederei-Hiddensee.de.*

Die *Glewitzer Autofähre* entlastet den Rügendamm, sie verkehrt von *Stahlbrode* auf dem Festland nach *Glewitz* im Süden Rügens *(April–Okt. tgl. 6–21.40 Uhr)*. Bei Sturm sollten Sie sich vorher erkundigen *(Tel. 0172/752 68 36)*. Die *Wittower Autofähre* verbindet die Halbinsel *Wittow* mit Zentralrügen *(April–Okt. 5.50–20.50 Uhr, Nov. bis März 5.50–18.50 Uhr, Tel. 0172/752 68 38)*.

INTERNET

Ausführliche Informationen über das Land Mecklenburg-Vorpommern: *www.m-v.de*. Über die Badequalität informiert die Badewasserkarte: *www.sozial-mv.de*, zu der ein Link führt. Das Wetter für den Tag und die beiden folgenden mit Hinweisen für Wassersportler unter: *www.wetterwarte-mv.de*

INTERNETCAFÉS

Treffpunkt in Rostock (Am Vögenteich 23, Tel. 0381/643 80 63, www.e-treffpunkt.de; Internet-Café Baanet (Baabe, Rügen, Fritz-Worm-Str. 1, Tel. 038303/959 80, www.ruegen-hiddensee.info; Kaiserbäder-Internet-Café (Heringsdorf, Usedom, Seestr. 17, Tel. 038378/330 86, www.kaiserbaeder-i-cafe.de).

KURTAXE

Kurtaxe wird in allen Badeorten erhoben. Kassiert wird bei der Anmeldung in der Unterkunft. Mit der Kurkarte gibt es bei vielen Veranstaltungen Preisermäßigungen.

NOTRUFE

Polizei *Tel. 110*
Feuerwehr, Notarzt *Tel. 112*

Was kostet wie viel?

Kurtaxe	**max. 2,30 Euro** pro Tag in der Hauptsaison
Strandkorb	**max. 9 Euro** pro Tag
Schiff	**ca. 6 Euro** für eine Hafenrundfahrt
Fahrrad	**7–8 Euro** Miete pro Tag
Kaffee	**ca. 2,50 Euro** für ein Kännchen
Bier	**1,80 Euro** für 0,3 l vom Fass

ÖFFNUNGSZEITEN

Viele Restaurants passen ihre Öffnungszeiten dem Gästeaufkommen an, es kann also Veränderungen geben. Außerhalb der Saison haben v. a. kleinere Häuser einen oder zwei Ruhetage, die wechseln können. Wer nicht vor verschlossener Tür stehen möchte, sollte sich deshalb vorher telefonisch erkundigen.

In den Ferienorten und den Zentren der Hansestädte gestattet die Bäderregelung, dass die Geschäfte Feb.–Nov. So/Fei von 12 bis 18.30 Uhr geöffnet sein dürfen.

Die Museen haben meist am Montag geschlossen; im Winterhalbjahr gibt es oft eine Mittagspause und weitere Einschränkungen der Öffnungszeiten.

PREISE

In den Ostseebädern und in den Zentren der Hansestädte ist fast alles teurer als im Hinterland. Fragen Sie nach günstigen Angeboten, z. B. nach Familienkarten für Freizeitbäder und Museen. **Insider Tipp** Preiswert First Class wohnen kann man von Mitte Oktober bis vor Weihnachten und von Anfang Januar bis Mitte April. Dann bieten sehr gute Hotels im Rahmen einer vom Landestourismusverband initiierten Aktion sonst sehr viel teurere Doppelzimmer mit Frühstück für nur 55 Euro an.

TOURISTEN-CARDS

In Rostock, Stralsund und auf Rügen sollten Sie sich nach den Touristen-Cards erkundigen. Mit der Rügen-Card *(www.ruegencard.de)* beispielsweise können bis zu vier Personen 140 Leistungen all-inclusive oder ermäßigt nutzen, darunter die Linienbusse ab 8 Uhr zum Nulltarif.

ZEITUNGEN

An der gesamten Ostseeküste von Mecklenburg-Vorpommern wird die »Ostsee-Zeitung« gelesen, die von Montag bis Samstag erscheint, auf Usedom auch der »Nordkurier«. Monatlich informieren der »Landkieker – das Veranstaltungsmagazin für Mecklenburg« und der »Kulturkalender – unterwegs in Mecklenburg-Vorpommern« *(www.kulturkalender-mv.de)*. Dreimal im Jahr erscheint das Magazin »Vorpommern aktuell« *(www.vorpommern-aktuell.com)* mit vielen Veranstaltungstipps, zweimal im Jahr kommt das Hochglanzmagazin »Ostsee exclusiv« *(www.ostsee-Exclusiv.de)* heraus, das von Boltenhagen bis Zingst informiert und jährlich »Mecklenburg-Vorpommern exclusiv« *(www.land-der-seen.de)*.

Wetter in Greifswald

	Jan.	Feb.	März	April	Mai	Juni	Juli	Aug.	Sept.	Okt.	Nov.	Dez.
Tagestemperaturen in °C	2	2	6	10	16	20	21	21	18	13	7	3
Nachttemperaturen in °C	–3	–3	–1	3	7	11	13	13	10	6	2	–1
Sonnenschein Std./Tag	2	3	4	6	8	9	8	7	6	4	2	1
Niederschlag Tage/Monat	9	8	8	8	9	9	10	9	9	9	9	10
Wassertemperaturen in °C	3	2	3	5	9	13	17	17	15	12	8	5

Reiseatlas Ostseeküste

Die Seiteneinteilung für den Reiseatlas finden Sie auf dem hinteren Umschlag dieses Reiseführers

A B C

Kartenlegende Reiseatlas

Autobahn mit Anschlussstelle und Anschlussnummer	Idstein 45 Viernheim	Motorway with junction and junction number
Autobahn in Bau mit voraussichtlichem Fertigstellungsdatum	Datum Date	Motorway under construction with expected date of opening
Rasthaus mit Übernachtung · Raststätte	Kassel	Hotel, motel · Restaurant
Kiosk · Tankstelle		Snackbar · Filling-station
Autohof · Parkplatz mit WC	P	Truckstop · Parking place with WC
Autobahn-Gebührenstelle		Toll station
Autobahnähnliche Schnellstraße		Dual carriageway with motorway characteristics
Fernverkehrsstraße		Trunk road
Verbindungsstraße		Main road
Nebenstraßen		Secondary roads
Fahrweg · Fußweg		Carriageway · Footpath
Gebührenpflichtige Straße		Toll road
Straße für Kraftfahrzeuge gesperrt		Road closed for motor vehicles
Straße für Wohnanhänger gesperrt		Road closed for caravans
Straße für Wohnanhänger nicht empfehlenswert		Road not recommended for caravans
Autofähre · Autozug-Terminal		Car ferry · Autorail station
Hauptbahn · Bahnhof · Tunnel		Main line railway · Station · Tunnel
Besonders sehenswertes kulturelles Objekt	Neuschwanstein	Cultural site of particular interest
Besonders sehenswertes landschaftliches Objekt	Breitachklamm	Landscape of particular interest
Ausflüge & Touren		Excursions & Tours
Landschaftlich schöne Strecke		Route with beautiful scenery
Touristenstraße	Hanse-Route	Tourist route
Museumseisenbahn		Tourist train
Kirche, Kapelle · Kirchenruine		Church, chapel · Church ruin
Kloster · Klosterruine		Monastery · Monastery ruin
Schloss, Burg · Burgruine		Palace, castle · Castle ruin
Turm · Funk-, Fernsehturm		Tower · Radio or TV tower
Leuchtturm · Windmühle		Lighthouse · Windmill
Denkmal · Soldatenfriedhof		Monument · Military cemetery
Ruine, frühgeschichtliche Stätte · Höhle		Archaeological excavation, ruins · Cave
Hotel, Gasthaus, Berghütte · Heilbad		Hotel, inn, refuge · Spa
Campingplatz · Jugendherberge		Camping site · Youth hostel
Schwimmbad, Erlebnisbad, Strandbad · Golfplatz		Swimming pool, leisure pool, beach · Golf-course
Botanischer Garten, sehenswerter Park · Zoologischer Garten		Botanical gardens, interesting park · Zoological garden
Bedeutendes Bauwerk · Bedeutendes Areal		Important building · Important area
Verkehrsflughafen · Regionalflughafen		Airport · Regional airport
Flugplatz · Segelflugplatz		Airfield · Gliding site
Boots- und Jachthafen		Marina

A
B
C
Lübecker Bucht
Wintershagen
Neustädter Bucht
Hansa-Park
"Neustädter Bucht"
Sierksdorf
Haffkrug
Scharbeutz
Ostsee-Therme
Timmendorfer Strand
Sealife-Centre
Niendorf
Brodtener Steilufer
Klein-timmendorf
Großtimmendorf
Brodten
Häven
Hemmelsdorf
Hemmelsdorfer See
TRAVEMÜNDE
Warnsdorf
Wilmsdorf
Teutendorf
Priwall
Ratekau
Grammersdorf
Ovendorf
Offendorf
Pöppendorf
Ivendorf
Pötenitz
Pötenitzer Wiek
Rosenhagen
Harkensee
Neuenhagen
Kalkhorst
Klütz
Schloss Bothmer
Boltenh
Kühlenstein
Klein Voigtshagen
Rankendorf
Tankenhagen
Wilmstorf
Hof Reppenhagen
Stellshagen
Damshagen
Welzin
Wieschendorf
Johannstorf
Volkstorf
Benckendorf
Teschow
Dassower See
Dassow
Schwanbeck
Groß Voigtshagen
Roggenstorf
Kussow
Parin
Sereetz
KÜCKNITZ
HERRENWYK
ISRAELSDORF
Lübeck-Siems
Trave
SCHLUTUP
Zarnewenz
Sülsdorf
Kleinfeld
Selmsdorf
Prieschendorf
Tramm
Mallentin
Moor-Rolofshagen
Gostorf
Rodenberg
Schmachthagen
Santow
Malzow
Groß Bünsdorf
Blüssen
Hof Mummendorf
Kirch Mummendorf
Börzow
Papenhusen
Klein Bünsdorf
Menzendorf
Wotenitz
Grevesmühlen
Bonnhagen
Büttlingen
Bernstorf
Grieben
Lübsee
Rottensdorf
ST. GERTRUD
LÜBECK
ADAC
Erlebnisstr. der dt. Einheit
Palingen
Lockwisch
Lüdersdorf
Rupensdorf
Schönberg
Klein Siemz
Sabow
Roduchelstorf
Jeese
Sieversh
Strohkirchen
Hanshagen
EICHOLZ
Strecknitz
Herrnburg
Wahrsow
Petersberg
Lüdersdorf
Groß Siemz
Niendorf
Törpt
Torisdorf
Falkenhagen
Lindow
Kleingrönau
Groß Grönau
Duvennest
Neuleben
Bechelsdorf
Schattin
Boitin-Resdorf
Ollndorf
Vitense
Othenstorf
Blieschendorf
Blankensee
Groß Sarau
Deutsche Ferienroute Alpen-Ostsee
Schlagsülsdorf
Wendorf
Samkow
Klein Rünz
Löwitz
Rehna
Brützkow
Wedendorf
Kasendorf
Groß Sarau
Utecht
Rieps
Neschow
Cronscamp
Stove
Königsbülower Feld
Groß Rünz
Köchelstorf
Kirch Grambow
Campow
Thandorf
Carlow
Warnekow
Nesow
Veelb
Ratzeburger See
Schlagresdorf
Klein Molzahn
Kuhlrade
Schaddingsdorf
Königsfeld
Klocksdorf
Demern
Buchholz
Paetrow
Disnack
Mechower See
Schlagsdorf
Groß Molzahn
Röggeliner See
Holdorf
Passow
Buchholz
Naturpark
Biosphärenreservat
Dechow
Röggelin
Breesen
Güstow
Mechow
Schlagbrügge
Lankower See
Meetzen
Möllin
Gadebusch
Römnitz
Bäk
Ratzeburg
Groß Thurow
Roggendorf
St. Georgsberg
Ziethen
Mustin
Klein Thurow
Ganzow
Küchensee
Goldensee
Lüneburger Berg
Dutzow
Klein Salitz
Groß Salitz
Wakenstädt
Radegast
Kaese
Fredeburg
Schmilau
Erlebnisstr. der dt. Einheit
Kittlitz
Kneese Dorf
Kneese
Salem
Schaalsee
Niendorf (am Schaalsee)
Schönwolde
Krembz
Pokrent
Schleswig - Holstein
Dargow
Alt Steinbeck
Horst
Kogel
Bresahn
Lauenburgische Seen
Neu Steinbeck
Renzow
Klein
Stöllnitz
Sterley
Brunsmark
Stintenburger Hütte
Seedorf
Rögnitz
Badow
Groß We
Bentin
Lüttauer See
Neuhorst
Groß-zecher
Lassahn
Lehmrade
Hollenbek
Marienstedt
Stintenburg
Neuenkirchen
Woez
Perlin
Techin
Drönnewitz
Woezer See
Dümmer
Drüsensee
Kehrsen
Klein Zecher
Döbbersen
Boddin
Neuhof
Raguth
Sophiental
Boize
Tessin
Pogreß
Gudow
Zarrentin
Boissow
Testorf
Bantin
Wittendörp
Parum
Segrahn
Schadeland
Karft
Püttelkow
Valluhn
Lüttow
Dreilützow
Steinbeck
Warnkenhagen
Brook
Elmenhorst
Redewisch
Groß Schwansee
Hohen Schönberg
Grundshagen
Arpshagen
Goldbeck
Klützer Winkel
Lübeck-Helsinki 36h,
Travemünde-Trelleborg 7-9h, Malmö 9h, Helsinki 32-36h, Riga 39h
Ostsee
Maurine
Wakenitz
Gr. Sarau
Schönberg
Vietl

D
E
F
108
Roggow
Biendorf
Körchow
Russow
Jörnstorf
Am Salzhaff
Pepelow
Rakow
Kielung
Boiensdorfer Werder
1
Neubukow
Langenwerder
Gollwitz
Poel
Boiensdorf
Kaltenhof
Vorwerk
Stove
Niendorf
Panzow
Ravensberg
Insel Poel
Kirchdorf
Damekow
Timmendorf
Blowatz
Alt Bukow
Clausdorf
Nantrow
Wismarbucht
Breitling
Friedrichsdorf
Robertsdorf
Hanse-Route
Garvensdorf
Wangern
Lischow
Fährdorf
28
Alt Farpen
Groß Strömkendorf
Hagebök
arnewitz
Madsow
Rustwerder
Haken
Neuburg
26
Steinhausen
Zarnekow
Wohlenberger Wiek
Hohen Wieschendorf
Krusenhagen
Kartlow
Tatow
Bäbelin
2
Erlebnisstr. der dt. Einheit
Beckerwitz
Zierow
Redentin Dorf
Gagzow
105
Neuendorf
Züsow
Gramkow
Kalsow
Gamehl
Hohenkirchen
Eiserne Hand
Rohlstorf
Hornstorf
Benz
Tollow
22
Manderow
Wendorf
28
Goldebee
Neukloster
Wahrstorf
Nikolaikirche
Neuhof
Groß Walmstorf
Weitendorf
Fürstenhof
Kritzow
Schmakentin
E22
Alt Jassewitz
Gägelow
Nevern
Stofferstorf
WISMAR
Markt
Kreuz Wismar
Hamberge
Groß Woltersdorf
Zurow
Krassow
Neukloster
Barendorf
Barnekow
Wismar-Mitte
Klosterkirche
21
Megalithgräber
Triwalk
Zurow
10
Mühlen
105
Kahlenberg
Gressow
Metelsdorf
Karow
Lübow
192
Naschendorf
Krönkenhagen
Fahren
Käselow
Klüssendorf
Dorf Mecklenburg
Maßlow
3
Quaal
Lüttersdorf
2007
Reinstorf
E22
Köchelsdorf
208
Rambow
241
Wietow
Plüschow
Beidendorf
Kletzin
Schimm
Neperstorf
Bobitz
106
Büschow
Groß Krankow
Grapen Stieten
Groß Stieten
Moidentin
Moltow
Großer Wariner See
Boienhagen
Klein Krankow
Kleekamp
Nisbill
Bobitz
Rastorf
Jesendorf
Warin
Testorf
Losten
Hohen Viecheln
19
Harmshagen
Dambeck
Niendorf
Ventschow
Bibowsee
Bibow
Schönhof
Wendisch Rambow
192
Bad Kleinen
Dämelow
Neuhof
Blankenberg
Steinfort
Dalliendorf
Neuhofer See
Tempziner See
Wüstenmark
Neu Meteln
Drispeth
Gallentin
Langen Jarchow
Mühlen Eichsen
Flessenow
Rubow
Zahrensdorf
Wipersdorf
Moltenow
Zickhusen
Dobin am See
4
29
Buchholz
Keezer See
Groß Eichsen
Alt Meteln
Neu Schlagsdorf
Häven
Brüel
Wendelstorf
Keez
Thurow
Hof Meteln
Rugensee
Schweriner See
Retgendorf
Tessin
104
Schönfeld
Kuhlen
18
Dalberg
Lübstorf
Klein Trebbow
Liessow
Golchen
Wendelstorf
Erlebnisstr. der dt. Einheit
Nutteln
Böken
Kuhlen
Groß Trebbow
Hundorf
Cambs
Gustävel
Nienmark
Schwerin-Nord
Schönlage
Gramonshagen
Pingelshagen
106
Seehof
Rampe
5
Kleefeld
Zaschendorf
Kirch Stück
Cambser See
Wendorf
Gottmannsförde
Barner Stück
Müsselmow
Zittow
Wendorf
Brüsewitz
2007
Wickendorf
Warnow
22
104
Warnitz
Langen Brütz
Kritzow
Leezen
Ziegelsee
5
Friedrichsthal
Weberin
Venzkow
Groß Brütz
Friedrichsthal
Vorbeck
LANKOW
Sperrgebiet
Neumühler See
NEUMÜHLE
Dom
Gneven
Basthorst
SCHWERIN
106
Augustenhof
Wittenförden
Godern
Warnow
Kobande
Grambow
GÖRRIES
Schloss
Mecklenburgisches Volkskundemuseum
Gädebehn
Klein Rogahn
HASELHOLZ
Pinnow
Groß Roghan
KREBSFÖRDEN
Mueß
Schwerin-Ost
10
321
Dümmerstück Hof
Wüstmark
GROSSER DREESCH
Raben Steinfeld
'06
Crivitz
Zülow
Pampow
Conrade
106
Zietlitz
5km
Stralendorf
Neu Pampow
31
Peckatel
Militzhof
6
Walsmühlen
321
XII/05
Buchholz
241
Sukow
Krumbeck
Kothendorf
Plate
Settin
Dorf Zapel
Holthusen
Lehmkuhlen
Göhren
Ruthenbeck
Warsow
Boldela
Banzkow
Bahlenhüschen
Tramm
107

A
B
C
1
2
3
4
5
6
5km
OSTSEE
Mecklenburger B
Kühlungsborn-
West
Ost
Nienhage
Heiligendamm
Börgerende
Kägsdorf
Meschendorf
Bastorf
Wittenbeck
Vorder Bollhagen
Bad Do
Klosterkir
Mechelsdorf
Steffenshagen
Diedrichshagener B.
Diedrichshagen
Kühlung
Rerik
Wustrow
Salzhaff
Blengow
Zweedorf
Gersdorf
Jennewitz
Reddelich
Brodhagen
Hohenfelde
Roggow
Biendorf
Körchow
Hanse-Route
Kröpelin
Teßmannsdorf
Russow
Jörnstorf
Kielung
Am Salzhaff
Retschow
Denkmalhof
Pepelow
Rakow
Westenbrügge
Schmadebeck
Boiensdorfer Werder
Neubukow
Altenhagen
Gollwitz
Boiensdorf
Rederank
Heiligenhagen
Krempin
Neu Karin
Alt Karin
Vorwerk
Stove
Niendorf
Panzow
Carinerland
Gerdshagen
Damekow
Blowatz
Alt Bukow
Ravensberg
Clausdorf
Kamin
Danneborth
Satow
Breitling
Friedrichsdorf
Nantrow
Moitin
Robertsdorf
Garvensdorf
Rosenhagen
Fährdorf
Lischow
Klein Mulsow
Radegast
Alt Farpen
Hagebök
Kirch Mulsow
Kröpelin
Groß Strömkendorf
Madsow
Jürgensha
Neuburg
Passee
Klein Gischow
Neukirch
Steinhausen
Zarnekow
Wakendorf
Berendshagen
Krusenhagen
Kartlow
Tatow
Bäbelin
Groß Gischow
Rein
Neuendorf
Züsow
Warnkenhagen
Viezen
Gnemern
Gagzow
Kalsow
Gamehl
Glasin
Rohlstorf
Hornstorf
„Fuchsberg"
Moltenow
Groß Tessin
Tollow
Benz
Goldebee
Neukloster
Klein Sien
Bernitt
Nikolaikirche
Neuhof
Großtessiner See
Babst
Kritzow
Moisall
Schmakentin
Nevern
Markt
Kreuz Wismar
Perniek
Hermannshagen
Kurzen Trechow
Zurow
Krassow
Neukloster
Lüderstorf
Käterhagen
Langer-B.
Schlemmin
Triwalk
Zurow
Klosterkirche
Neuendo
Kahlenberg
Lübow
Lübberstorf
Göllin
Jabelitz
Steinhagen
Neuklostersee
Dorf Mecklenburg
Maßlow
Fahren
Reinstorf
Katelbogen
Rühner
Wietow
Schimm
Pennewitt
Qualitz
Kiesen-B.
Hof Rühn
Kletzin
Neperstorf
Moidentin
Moltow
Büschow
Großer Wariner See
Schependorf
Baumgarten
Groß Stieten
Kleekamp
Nisbill
Mankmoos
Wendorf
Warnow
Jesendorf
Warin
Klein Labenz
Laase
Losten
Hohen Viecheln
Bibowsee
Großlabenzer See
Eickhof
Dämelow
Groß Labenz
Warnow
Kleinen
Neuhof
Neuhofer See
Friedrichswalde
Eickelberg
Klein Raden
Klein Görnow
107

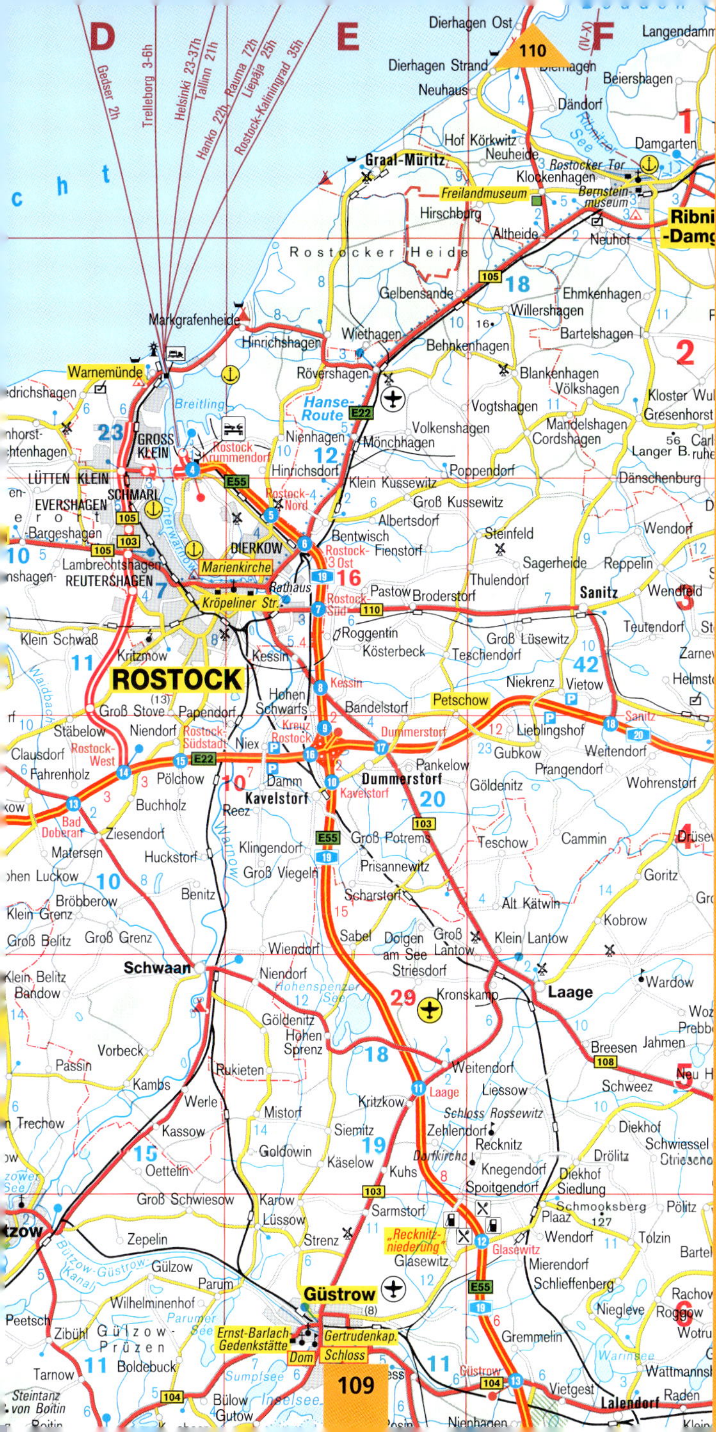
D
E
F
Gedser 2h
Trelleborg 3-6h
Helsinki 23-37h
Tallinn 21h
Hanko 22h, Rauma 72h
Liepāja 25h
Rostock-Kaliningrad 35h
Dierhagen Ost
Langendamm
Dierhagen Strand
Dierhagen
Beiershagen
Neuhaus
Dändorf
Saaler Bodden
Ribnitzer See
Hof Körkwitz
Neuheide
Damgarten
Graal-Müritz
Rostocker Tor
Klockenhagen
Freilandmuseum
Bernstein-museum
Ribnitz-Damgarten
Hirschburg
Altheide
Neuhof
Rostocker Heide
Gelbensande
Ehmkenhagen
Willershagen
Bartelshagen I
Markgrafenheide
Hinrichshagen
Wiethagen
Behnkenhagen
Warnemünde
Rövershagen
Blankenhagen
Völkshagen
Kloster Wulfshagen
Gresenhorst
Diedrichshagen
Breitling
Hanse-Route
E22
Vogtshagen
Volkenshagen
Mandelshagen
Cordshagen
Lichtenhagen
GROSS KLEIN
Rostock Krummendorf
Nienhagen
Hinrichsdorf
Mönchhagen
Langer B.
Carlsruhe
LÜTTEN KLEIN
SCHMARL
E55
Klein Kussewitz
Poppendorf
Dänschenburg
EVERSHAGEN
Rostock-Nord
Groß Kussewitz
Albertsdorf
Bargeshagen
Unterwarnow
DIERKOW
Bentwisch
Steinfeld
Wendorf
Lambrechtshagen
Marienkirche
Rostock-Ost
Fienstorf
Sagerheide
Reppelin
REUTERSHAGEN
Rathaus
Thulendorf
Kröpeliner Str.
Pastow
Broderstorf
Sanitz
Wendfeld
Rostock-Süd
Roggentin
Groß Lüsewitz
Teutendorf
Klein Schwaß
Kösterbeck
Teschendorf
Zarnewanz
Kritzmow
Kessin
Niekrenz
Vietow
Helmstorf
ROSTOCK
Waidbach
Hohen Schwarfs
Bandelstorf
Petschow
Groß Stove
Papendorf
Kreuz Rostock
Dummerstorf
Sanitz
Stäbelow
Niendorf
Rostock-Südstadt
Niex
Lieblingshof
Clausdorf
Rostock-West
Gubkow
Weitendorf
Fahrenholz
Pölchow
Damm
Pankelow
Prangendorf
Wohrenstorf
Bad Doberan
Buchholz
Kavelstorf
Göldenitz
Reez
Ziesendorf
Warnow
Matersen
Huckstorf
Klingendorf
Groß Potrems
Teschow
Cammin
Drüsewitz
Hohen Luckow
Groß Viegeln
Prisannewitz
Benitz
Scharstorf
Goritz
Bröbberow
Alt Kätwin
Klein Grenz
Kobrow
Groß Belitz
Groß Grenz
Sabel
Dolgen am See
Groß Lantow
Klein Lantow
Wiendorf
Striesdorf
Schwaan
Niendorf
Klein Belitz
Bandow
Hohen Sprenzer See
Laage
Wardow
Kronskamp
Göldenitz
Hohen Sprenz
Vorbeck
Breesen
Jahmen
Prebberede
Passin
Weitendorf
Rukieten
Neu Heinde
Kambs
Liessow
Schweez
Werle
Laage
Kritzkow
Mistorf
Schloss Rossewitz
Trechow
Kassow
Siemitz
Zehlendorf
Diekhof
Recknitz
Schwiessel
Goldewin
Käselow
Dorfkirche
Oettelin
Kuhs
Knegendorf
Drölitz
Diekhof Siedlung
Spoitgendorf
Groß Schwiesow
Karow
Sarmstorf
Schmooksberg
Pölitz
Bützow
Lüssow
Plaaz
Zepelin
Strenz
„Recknitz-niederung"
Wendorf
Tolzin
Glasewitz
Bartelshagen
Bützow-Güstrow-Kanal
Gülzow
Mierendorf
Parum
Güstrow
Schlieffenberg
Rachow
Wilhelminenhof
Parumer See
Niegleve
Roggow
Peetsch
Zibühl
Gülzow-Prüzen
Ernst-Barlach Gedenkstätte
Gertrudenkap.
Gremmelin
Wotrum
Dom
Schloss
Warinsee
Tarnow
Boldebuck
Sumpfsee
Güstrow
Vietgest
Wattmannshagen
Steintanz von Boitin
Bülow
Gutow
Inselsee
Lalendorf
Raden
Nienhagen

110

A
B
C
1
2
3
4
5
6
Nationalpark
Vorpommersche
Bodd
5km
Darßer Ort
Prerow
Zingst
Z i n g
Müggenburg
Große Kirr
Oie
Rehberge
D a r ß
Wieck auf Darß
Bliesenrade
Bodstedter
Bodden
Bresewitz
Barther
Bodden
G r a b
Born auf Darß
Ahrenshoop
Althagen
Niehagen
Wustrow
Hohes Ufer
Pruchten
Barth
Marienkirche
Bodstedt
Fuhlendorf
Michaelsdorf
Neuendorf Heide
Saaler
Fischland
Küstrow
Dabitz
Neu B
Hermannshagen-Heide
Rubitz
Flemendo
Neuendorf
Divitz
Kenz
Hermannshof
-Spoldershagen
Saatel
Karnin
Bodden
Saal
Bartelshagen II
Lüdershagen
Langendamm
Hessenburg
Martenshagen
Barthe
Löbnitz
Hanse-R
Dierhagen
Beiershagen
Neuhof
Kindshagen
Langenhans-hagen
Manschenhagen
Starkow
Velga
Dändorf
Hanse-Route
Wiepkenhagen
Neuhof
Altenwillershagen
Ribnitzer See
Tempel
Altenhagen
Damgarten
Behrenshagen
Trinwillershagen
Neuseehagen
Hövet
Rostocker Tor
Klockenhagen
Bernstein-museum
Recknitz
Neuenlübke
Alt-Seehagen
Ahrenshagen-Daskow
Pantlitz
Todenhagen
Schlemmin
Weitenhage
Ribnitz-Damgarten
Neuhof
Ravenhorst
Behrenwal
Millienha
Tressentin
Kuhlrade
Ehmkenhagen
Willershagen
Gruel
Tribohm
Zornow
Poppendorf
Jahnkendorf
Camitz
Semlow
Spiekersdorf
Oeb
Bartelshagen I
Allerstorf
Leplow
Plennin
Brünkendorf
Blankenhagen
Völkshagen
Alt Guthendorf
Eixen
Katzenow
Dol
Kloster Wulfshagen
Bisdorf
Hugoldsdorf
Marlow
Wohsen
Gresenhorst
Alt Steinhorst
Mandelshagen
Cordshagen
Langer B.
Carlsruhe
Kavelsdorf
Rönkendorf
Drech
Vogelpark Marlow
Schulenberg
Landsdorf
Krakow
Dänschenburg
Fahrenhaupt
Kneese Hof
Bad Sülze
Reken
Dettmannsdorf
Kölzow
Wendorf
Redderstorf
Tribsees
Sagerheide
Reppelin
Kucksdorf
Dudendorf
Stubbendorf
Sanitz
Wendfeld
Gnewitz
Ehmkendorf
Schabow
Langsdorf
Tribsees
Stren
Teutendorf
Stormstorf
Böhlendorf
Techl
Lüsewitz
Liepen
Lindholz
Zarnewanz
Bad Sülze
Breesen
Trebelkanal
Niekrenz
Vietow
Helmstorf
Alt Stassow
Grammow
Fäsekow
Tangrim
Behren-Lübchin
Lieblingshof
Sanitz
Tessin
Thelkow
Neu Quitzenow
Baesendorf
Weitendorf
Kowalz
Vilz
Viecheln
Nustrow
Bäbelitz
Prangendorf
Samow
Alt Quitzenow
Wohrenstorf
Tessin
Wasdow
Selpin
Basse
Woltow
Warbelow
Cammin
Warbel
Lühburg
Groß Nieköhr
Gnoien
Bobbin
Goritz
Wesselstorf
E22
105
XII
109

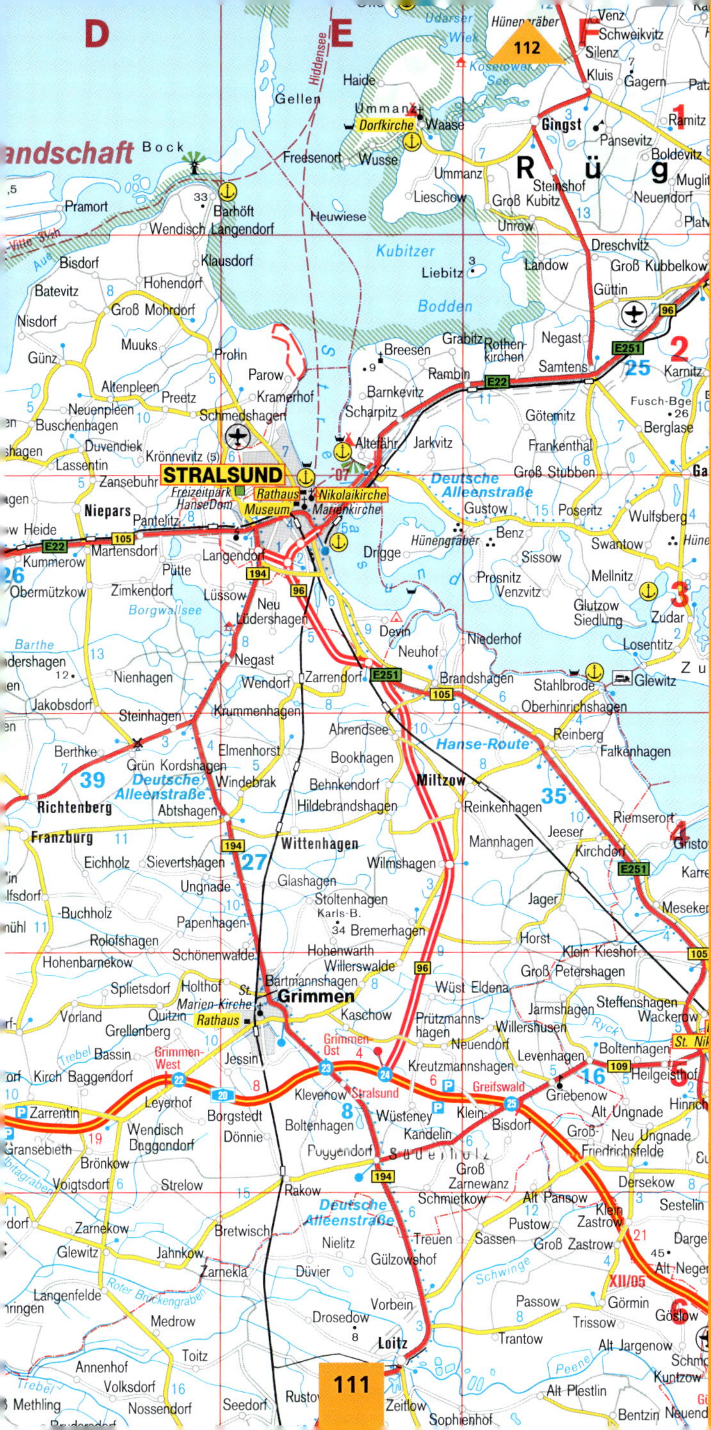

D
E
F
112
Hiddensee
Udarser Wiek
Hünengräber
Venz
Schweikvitz
Silenz
Kluis
Gagern
Koselower See
Haide
Gellen
Ummanz
Dorfkirche
Waase
Gingst
Ramitz
Pansevitz
Boldevitz
Bock
Freesenort
Wusse
Ummanz
Rüg
Steinshof
Muglitz
Groß Kubitz
Neuendorf
Pramort
Barhöft
Heuwiese
Lieschow
Unrow
Wendisch Langendorf
Kubitzer
Bodden
Liebitz
Landow
Dreschvitz
Groß Kubbelkow
Güttin
Bisdorf
Klausdorf
Hohendorf
Batevitz
Groß Mohrdorf
Nisdorf
Muuks
Günz
Prohn
Parow
Kramerhof
Breesen
Barnkevitz
Scharpitz
Grabitz
Rothenkirchen
Rambin
Negast
Samtens
Karnitz
Altenpleen
Preetz
Neuenpleen
Buschenhagen
Schmedshagen
Duvendiek
Lassentin
Krönnevitz
Altefähr
Jarkvitz
Götemitz
Fusch-Bge
Berglase
Frankenthal
Groß Stubben
STRALSUND
Zansebuhr
Freizeitpark HanseDom
Rathaus
Museum
Nikolaikirche
Marienkirche
Deutsche Alleenstraße
Gustow
Poseritz
Wulfsberg
Niepars
Pantelitz
Heide
Martensdorf
Langendorf
Hünengräber
Benz
Swantow
Kummerow
Obermützkow
Pütte
Zimkendorf
Lüssow
Neu Lüdershagen
Drigge
Sissow
Prosnitz
Venzvitz
Mellnitz
Glutzow Siedlung
Zudar
Borgwallsee
Barthe
Devin
Neuhof
Niederhof
Losentitz
Nienhagen
Negast
Wendorf
Zarrendorf
Brandshagen
Stahlbrode
Glewitz
Jakobsdorf
Krummenhagen
Oberhinrichshagen
Steinhagen
Ahrendsee
Reinberg
Falkenhagen
Berthke
Elmenhorst
Bookhagen
Hanse-Route
Grün Kordshagen
Windebrak
Behnkendorf
Miltzow
Richtenberg
Abtshagen
Hildebrandshagen
Reinkenhagen
Riemserort
Franzburg
Wittenhagen
Mannhagen
Jeeser
Kirchdorf
Eichholz
Sievertshagen
Wilmshagen
Ungnade
Glashagen
Jager
Meseken
Stoltenhagen
Buchholz
Papenhagen
Karls-B.
Bremerhagen
Rolofshagen
Horst
Schönenwalde
Hohenwarth
Klein Kieshof
Hohenbarnekow
Willerswalde
Groß Petershagen
Splietsdorf
Holthof
Bartmannshagen
St. Marien-Kirche
Grimmen
Wüst Eldena
Steffenshagen
Vorland
Quitzin
Kaschow
Jarmshagen
Wackerow
Rathaus
Prützmannshagen
Willershusen
Grellenberg
Ryck
Trebel
Bassin
Grimmen-Ost
Neuendorf
Levenhagen
Boltenhagen
Grimmen-West
Jessin
Kreutzmannshagen
Heilgeisthof
Kirch Baggendorf
Stralsund
Greifswald
Griebenow
Zarrentin
Leyerhof
Klevenow
Klein Bisdorf
Alt Ungnade
Wendisch Baggendorf
Borgstedt
Boltenhagen
Wüsteney
Hinrichshagen
Dönnie
Kandelin
Groß Friedrichsfelde
Neu Ungnade
Gransebieth
Brönkow
Puggendorf
Südeholz
Groß Zarnewanz
Voigtsdorf
Strelow
Rakow
Schmietkow
Alt Pansow
Dersekow
Deutsche Alleenstraße
Pustow
Klein Zastrow
Sestelin
Zarnekow
Bretwisch
Nielitz
Treuen
Sassen
Groß Zastrow
Glewitz
Jahnkow
Zarnekla
Düvier
Gülzowshof
Alt Negentin
Schwinge
Langenfelde
Roter Brückengraben
Vorbein
Passow
Görmin
Drosedow
Trissow
Gostow
Medrow
Loitz
Trantow
Alt Jargenow
Toitz
Peene
Kuntzow
Annenhof
Volksdorf
Alt Plestlin
Methling
Nossendorf
Seedorf
Rustow
Zeitlow
Sophienhof
Bentzin
Neuendorf
E22
E251
105
194
96
109
XII/05

A
B
C
1
2
3
4
6
5km
Varnkevitz
Putg
Nonnevitz
Fernlüttkevitz
Mattchow
Gramtitz
Lancken
Starrvitz
Dranske
Altenkirchen
Wieker
Bodden
Wiek
Breege
Drewoldke
Bohlendorf
Breeger
Bodden
Schmantevitz
Bischofsdorf
Dornbusch
Hünengräber
Libben
Kloster
Grieben
Bug
Vitter
Vitte
Rassower Strom
Bodden
Insel
Vieregge
Lebbin
Hochilgor
Breetzer
Bodden
Neuenkirchen
Laase
Große
Libnitz
Tetzitzer See
Hiddensee
Retelitz
Granskevitz
Neuendorf
Tribbevitz
Schaproder
Neuendorf
Bodden
Trent
Rappin
Schaprode
Öhe
56
Udarser
Wiek
Hünengräber
Venz
Kartzitz
Schweikvitz
Silenz
Koselower
See
Kluis
Gagern
Patzig
Haide
Gellen
Ummanz
Dorfkirche
Waase
Gingst
Ramitz
Pansevitz
Thesen
chaft
Bock
Freesenort
Wusse
Boldevitz
Parchti
Ummanz
Rüge
Steinshof
Muglitz
Pramort
Zingst
Barhöft
Lieschow
Groß Kubitz
Neuendorf
Wendisch Langendorf
Heuwiese
Unrow
Platvitz
Klausdorf
Kubitzer
Dreschvitz
Liebitz
Landow
Groß Kubbelkow
Hohendorf
Güttin
Tilzow
Groß Mohrdorf
Bodden
Sehler
Muuks
Grabitz
Rothenkirchen
Negast
Ketelshage
Prohn
Breesen
Samtens
Karnitz
Parow
Rambin
Altenpleen
Preetz
Kramerhof
Barnkevitz
E22
Fusch-Bge
Kasnevitz
Neuenpleen
Scharpitz
Götemitz
Berglase
Schmedshagen
Duvendiek
Altefähr
Jarkvitz
Frankenthal
Krönnevitz (5)
STRALSUND
Groß Stubben
Garz/Rügen
Zansebuhr
Deutsche
Alleenstraße
Freizeitpark
HanseDom
Rathaus
Nikolaikirche
Niepars
Museum
Marienkirche
Gustow
Poseritz
Wulfsberg
Pantelitz
Dumse
105
Hünengräber
Benz
Swantow
Hünengräber
Martensdorf
Langendorf
Drigge
Sissow
Pütte
194
Prosnitz
Mellnitz
Groß Schc
Zimkendorf
Lüssow
96
Venzvitz
Borgwallsee
Neu
Lüdershagen
Glutzow
Siedlung
Zudar
Devin
Niederhof
Neuhof
Losentitz
Poppelvi
Negast
Nienhagen
Wendorf
Zarrendorf
E251
Brandshagen
Stahlbrode
Glewitz
Zudar
105
Oberhinrichshagen
Steinhagen
Krummenhagen
Palm
Ahrendsee
Reinberg
Hanse-Route
Falkenhagen
Elmenhorst
Grün Kordshagen
Bookhagen
Deutsche
Alleenstraße
Windebrak
Behnkendorf
Miltzow
35
Abtshagen
Hildebrandshagen
Reinkenhagen
Insel Rie
Riemserort
Jeeser
Gristow
Wittenhagen
Mannhagen
Eichholz
Sievertshagen
Kirchdorf
E251
Karrendorf
Ungnade
Glashagen
E251
25
96

111

D
E
F
1
2
3
4
5
6
Trelleborg 4h
Rønne (Bornholm) 3¾h
Sankt Peterburg 48h
Klaipėda 18h
Lohme
Gr. Stubbenkammer
Königsstuhl
Kl. Stubbenkammer
Nardevitz
Ruschvitz
Nipmerow
Nationalpark
Hünengräber
Hagen
Baldereck
Spyker
Bobbin
Neddesitz
Piek B.
Polchow
Jasmund
Rusewase
Sagard
Sassnitz
(25)
E251
96
96b
Dubnitz
E22
Lietzow
Neu Mukran
Kleiner
Jasmunder
Bodden
Schmale Heide
Eisenbahn- und Technik-Museum
Prorer Wiek
Prora
Stedar
Pulitz
Buschvitz
OSTSEE
Bergen auf Rügen
(70)
Streu
Lubkow
Erlebnisbad
Karow
Schmachter See
Binz
Granitz
Jagdschloss Granitz
196
Zirkow
Dolgemost
27
Serams
107
Sellin
Selliner See
Lancken-Granitz
Preetz
Baabe
Seedorf
Hünengräber
Deutsche Alleenstr.
Vilmnitz
Putbus
Lauterbach
Biosphärenreservat
Göhren
Middelhagen
Neu Reddevitz
Having
Alt Reddevitz
Lobbe
Neukamp
37
Vilm
Südost-
Gager
Mönchgut
Groß Zicker
66
Klein Zicker
Thiessow
Rügen
Südperd
Greifswalder Oie
Greifswalder Bodden
Ruden
Peenemünde
Heringsdorf, Świnoujście
Zinnowitz, Koserow
Lubmin, Greifswald
Struck
Historisch-technisches Informationszentrum (Raketenbau)
Spandowerhagener Wiek
Spandowerhagen
Koos

113
114

A
B
C
113
Palmer Ort
5km
Greifswalder Bodden
Insel Riems
Koos
Insel Koos
Gristow
Karrendorf
Mesekenhagen
Kooser B.
Wampen
Neuenkirchen
Wackerow
Marienkirche
Wieck
Klosterruine
Dom
St. Nikolai
Eldena
GREIFSWALD
Heilgeisthof
Hinrichshagen
Ungnade
Friedrichshagen
Helmshagen
Weitenhagen
Subzow
Diedrichshagen
Grubenhagen
Sestelin
Dargelin
Hanse-Route
Groß Kiesow
Behrenhoff
Sanz
Alt Negentin
Stresow
Müssow
Klein Kiesow
Göslow
Schmoldow
Kuntzow
Kammin
Dargezin
Dambeck
Bandelin
Kölzin
Gribow
Gützkow
Neuendorf
Zarrenthin
Breechen
Owstin
Jarmen
Pentin
Groß Toitin
Priemen
Klein Toitin
Kagenow
Wilhelminenthal
Neetzow
Liepen
Völschow
Plötz
Kadow
Klein Below
Preetzen
Jagetzow
Dersewitz
Steinmocker
Wussentin
Gramzow
Krusenfelde
Krusenkrien
Krien
Pritzenow
Wietzow
Bartow
Below
Anklam
Neuendorf B
Janow
Breest
Burow
Großer Landgraben
Burgruine Landskron
Japenzin
Kölln
Rehberg
Rebelow
Weltzin
Wodarg
Siedenbollentin
Kessin
Werder
Schwanbeck
Dishley
Grapzow
Altentreptow
Grischow
Beseritz
Dahlen
Kleiner Landgraben
Brunn
Ganzkow
Neubrandenburg-Nord
Lubmin
Gahlkow
Vierow
Loissin
Ludwigsburg
Brünzow
Neuendorf
Kemnitz
Kemnitzerhagen
Hanshagen
Gladrow
Kessin
Krebsow
Möckow
Radlow
Züssow
Thurow
Karlsburg
Schloss
Oldenburg
Ranzin
Groß Jasedow
Schmatzin
Lüssow
Wasserschloss
Quilow
Pätschow
Groß Polzin
Peene
Stolpe
Grüttow
Tramstow
Medow
Brenkenhof
Postlow
Nerdin
Wegezin
Thurow
Iven
Dennin
ehemalige Festung
Spantekow
Ramelow
Borntin
Hellberg
Boldekow
Zinzow
Bresewitz
Landgraben
Friedland
Hoher B.
Wusterhusen
Pritzwald
Gustebin
Stilow
Ziesebruch
Rappenhagen
Neu Boltenhagen
Kühlenhagen
Jägerhof
Wrangelsburg
Lühmannsdorf
Brüssow
Zarnekow
Steinfurth
Pamitz
Groß Bünzow
Klein Bünzow
Schlatkow
Konsages
Salchow
Menzlin
Ziethen
Daugzin
Relzow
Marienkirche
Görke
Butzow
Blesewitz
Lüskow
Sanitz
Neuenkirchen
Alt Teterin
Müggenburg
Peene-Südkanal
Drewelow
Panschow
Sarnow
Wusseken
Schwerinsburg
Glien
Putzar
Putzarer See
Sandhagen
Schwichtenberg
Klockow
Fleethof
Göhren
Lauterbach, Gager, Thiessow
Binz
Göhren, Sellin
Struck
Spandowerhagener Wiek
Spandowerhagen
Freest
Peenemünde
Kröslin
Nonnendorf
Voddow
Rubenow
Ziese
Groß Ernsthof
Lodmannshagen
Wolgast
Netzeband
St. Petri-Kirche
Schalense
Katzow
Pritzier
Hohendorf
Buddenhagen
Hohensee
Zemitz
Wahlendow
Buggow
Bömitz
Rubkow
Krenzow
Murchin
Anklam
Gellendin
Woserow
Pelsin
Auerose
Dargibell
Neu Kosenow
Stretense
Rossin
Ducherow
Schmuggerow
Löwitz
Rude
Historisch-Technisches Informationszentrum
Kölpinsee

D
E
F
1
2
3
4
5
6
Sassnitz
Ystad 7h
Malmö 4-9h
København 8h
Rønne (Bornholm) 6h
nisches
trum
(Raketenbau)
O S T S E E
Pommersche Bucht
Zatoka Pomorska
(V-X)
Karlshagen
Trassenheide
Zinnowitz
Zempin
Bannemin
Krummin
Streckels-B.
Koserow
Kölpinsee
Neuendorf
Achterwasser
Gnitz
Lütow
Loddin
Ückeritz
Naturpark
Peenestrom
Warthe
Lieper Winkel
Grüssow
Liepe
Usedom
Pudagla
Schmollensee
Bansin Dorf
Bansin
Heringsdorf
Ahlbeck
ŚWINOUJŚCIE
Wehrland
Waschow
Lassan
Rankwitz
Dewichow
Balm
Benz
Sellin
Neppermin
Kückels-B.
Gothensee
Reetzow
Usedom
Krienke
Morgenitz
Mellenthin
Labömitz
Korswandt
Wolgastsee
Ulrichshorst
Buggenhagen
Jamitzow
Suckow
Katschow
Kachlin
Görke
Zirchow
Golm
Garz
Paprotno
Klotzow
Dargen
Kutzow
Kamminke
Usedom
Stolpe auf Usedom
Gummlin
Gellenthin
Usedomer See
Welzin
Zecherin
Karnin
Wilhelmshof
Kamp
POLSKA
Stettiner Haff
Rosenhagen
Bugewitz
Leopoldshagen
Mönkebude
Kalkstein
Grambin
Świnoujście (Swinemünde)
Trzebież
Siedlung Altwarp
Altwarp
Altwarper Binnendünen
Ueckermünde
Schloss
Bellin
Warsin
Nowe Warpno
Neuendorf A
Lübs
Tierpark Ueckermünde
Liepgarten
Vogelsang-Warsin
Neuwarper See
Heinrichshof
Annenhof
Zarow
Hoppenwalde
Luckow
Rieth
Altwigshagen
Louisenhof
Meiersberg
Uecker
Garzberge
Sprengersfelde
Eggesin
Ahlbeck
Blumenthal
Torgelow-Holländerei
Eggesiner Teerofen
Sperrgebiet
Ferdinandshof
Aschersleben
Klein Gumnitz
Gr.-Mützelburger See
Gegensee
111
110
E65
48
38
34
9
6

In diesem Register sind alle in diesem Band erwähnten Orte, Ausflugsziele sowie wichtige Stichworte verzeichnet. Halbfette Seitenzahlen verweisen auf den Haupteintrag, kursive auf ein Foto.

Schreiben Sie uns!

Liebe Leserin, lieber Leser,

wir setzen alles daran, Ihnen möglichst aktuelle Informationen mit auf die Reise zu geben. Dennoch schleichen sich manchmal Fehler ein – trotz gründlicher Recherche unserer Autoren/innen. Sie haben sicherlich Verständnis, dass der Verlag dafür keine Haftung übernehmen kann. Wir freuen uns aber, wenn Sie uns schreiben.

Senden Sie Ihre Post an die MARCO POLO Redaktion,
MAIRDUMONT, Postfach 31 51, 73751 Ostfildern,
info@marcopolo.de

Impressum

Titelbild: Strandkörbe in Zinnowitz auf Usedom (laif: Kirchner)
Fotos: W. Dieterich (5 o., 11, 20, 22, 30, 35, 40, 46, 57, 62, 88, 90, 93, 94, 97); R. Freyer (15, 26, 52, 61, 70); J. Gläser (18, 38); HB Verlag: Kirchner (5 u., 60, 67), Krewitt (U. r., 2 u., 25, 43, 82, 98); O. Heinze (1, 2 o., 6, 59, 84); F. Ihlow (U. l., 4, 9, 17, 24, 27, 33, 45, 48, 65, 68, 76, 78); laif: (Kirchner 12, 14, 72, 103); Schapowalow: (Horn 34); B. Wurlitzer (U. m., 7, 86)

11., aktualisierte Auflage 2005 © MAIRDUMONT, Ostfildern
Herausgeber: Ferdinand Ranft, Chefredakteurin: Marion Zorn
Redaktion: Beatrix Müller-Kapuscinski, Bildredaktion: Gabriele Forst
Kartografie Reiseatlas: © MAIRDUMONT/Falk Verlag, Ostfildern
Vermarktung: MAIRDUMONT MEDIA, media@mairdumont.com
Gestaltung: red.sign, Stuttgart

Printed in Germany. Gedruckt auf 100% chlorfrei gebleichtem Papier

Bloß nicht!

Tipps, die Sie vor negativen Erfahrungen an der Ostseeküste bewahren sollen

Fischwilderei begehen

Wer sein Glück ohne Erlaubnisschein zum Angeln versucht, begeht Fischwilderei. Das ist kein Kavaliersdelikt, sondern wird nach Paragraf 293 des Strafgesetzbuches geahndet. Die Fischmeister haben als Hilfsbeamte der Staatsanwaltschaft polizeiliche Befugnisse.

Alles für Bernstein halten

Gelbbraune Kieselsteine oder abgeschliffene braune Glasscherben sehen oft wie Bernstein aus. Ob Ihr Strandfund wirklich Bernstein ist, stellen Sie durch die Reibeprobe schnell fest: Wird ein größeres Bernsteinstück an Stoff gerieben, lädt es sich im Gegensatz zum Kieselstein oder Glas elektrostatisch auf und zieht Papierschnitzel an. Bei kleinen Stücken bleibt die Probe meist erfolglos, in diesem Fall sollten Sie zwei Esslöffel Kochsalz in einem Glas Wasser auflösen. Bernstein schwimmt wegen seiner geringen Dichte, Kieselsteine und Glas dagegen sinken zu Boden.

Dünenschutz missachten

Dünen sind wichtig für den Küstenschutz und dürfen nur auf dafür vorgesehenen Wegen überquert werden. Strafen riskieren auch jene, die Burgen in den Dünen bauen; der Mindestabstand muss 2 m betragen.

Mückenschutz vergessen

Die kleinen Quälgeister können in einigen Regionen schöne Abende erheblich vermiesen. Mückenschutzmittel sollten Sie deshalb unbedingt parat haben.

Naturfrevel begehen

An der Küste stehen nicht wenige Pflanzen unter Naturschutz, beispielsweise Stranddistel und Meerkohl. Diese Gewächse dürfen nicht gepflückt oder ausgegraben werden.
In den mit einer Eule gekennzeichneten Naturschutzgebieten müssen Sie unbedingt auf den Wegen bleiben. Tabu sind Vogelschutzgebiete, so die Insel Langenwerder bei Poel, die Fährinsel vor Hiddensee sowie die Inseln Heuwiese und Beuchel.

Quallen übersehen

Harmlos ist die glasklare Ohrenqualle. Die gelb bis rot aussehende Nesselqualle dagegen sollten Sie möglichst nicht berühren, denn sie verursacht brennende Hautreizungen. Zu Recht wird sie deshalb auch als Feuerqualle bezeichnet.

Zu nah ans Steilufer

Sturm und Regen nagen unaufhaltsam am Steilufer. Kopf und Kragen riskiert daher, wer sich – beispielsweise bei Ahrenshoop – zu nahe an den Rand wagt.